爱的能量

刘祖斌◎著

大爱无疆，善行天下
传递正能量，弘扬真善美

中国财富出版社

图书在版编目（CIP）数据

爱的能量／刘祖斌著．—北京：中国财富出版社，2015．3
ISBN 978－7－5047－5538－4

Ⅰ．①爱…　Ⅱ．①刘…　Ⅲ．①爱的教育—通俗读物　Ⅳ．①G40－02

中国版本图书馆 CIP 数据核字（2015）第 014373 号

策划编辑　刘天一　　**责任印制**　何崇杭
责任编辑　王　波　赵笑梅　　**责任校对**　饶莉莉

出版发行　中国财富出版社
社　　址　北京市丰台区南四环西路 188 号 5 区 20 楼　　**邮政编码**　100070
电　　话　010－52227568（发行部）　010－52227588 转 307（总编室）
　　　　　010－68589540（读者服务部）　010－52227588 转 305（质检部）
网　　址　http：//www.cfpress.com.cn
经　　销　新华书店
印　　刷　北京京都六环印刷厂
书　　号　ISBN 978－7－5047－5538－4/G·0605
开　　本　710mm×1000mm　1/16　　**版　　次**　2015 年 3 月第 1 版
印　　张　11.75　　**印　　次**　2015 年 3 月第 1 次印刷
字　　数　150 千字　　**定　　价**　32.00 元

序 言

不管世界多么拥挤，都要让心自由跳动。因为生命的每一瞬间都存于心，贮于忆。那些拥有，那些给予，那些珍贵的收藏，都会拥于怀，融于情，铭记于心。一些人，一些情，一些事，都装在心里，会累，会挤。懂得卸载，给心一个空间，让心得以喘息。

怀揣一颗美好的心灵，世界无处不飞花。春的轻盈，夏的浪漫，秋的萧瑟，冬的寂寞，都是一种独特的美。快乐，忧伤，感动，悲戚也各有独特的美。你没感受到是因为你的心忙碌。让自己每天躺在向日葵上，即使再沮丧依然向着阳光。心情只一秒，心灵却永恒。怀揣一颗美好的心灵，人生处处阳光明媚。心情不是人生的全部，却能左右人生的全部。心情好，什么都好；心情不好，一切都乱了。我们常常不是输给了别人，而是坏心情影响了我们的形象，降低了我们的能力，扰乱了我们的思维，从而输给了自己。控制好心情，生活才会处处祥和。好心态塑造好心情，好心情塑造最出色的你。我选择善良，不是我软弱，因为我明白，人不是禽兽，恶必遭报应；我选择宽容，不是我怯懦，因为我明白，宽容了他人，也宽待了自己；我选择糊涂，不是我真糊涂，因为我明白，有些东西争不来，不争也会来；我选择平淡的生活，不是我不奢望繁华，因为我明白，功名利禄都是浮云，受得住寂寞才能升华。

有一首歌词是这样的“爱是恒久忍耐，又有恩慈；爱是不嫉妒，爱是不自夸，不张狂，不做害羞的事，不求自己的益处，不轻易发怒，不计算人的恶，不喜欢不义，只喜欢真理；凡事包容，凡事相信，凡事盼望，凡事忍耐；爱是永不止息。”这首歌阐述了爱的定义。

究竟什么是爱呢？带着这个问题，我采访了很多的人，也得到了不同的答案：爱会付出一切，这是男女之间的爱情；爱是无怨无悔、不求回报的付出，这是父母对子女的爱；爱会付出全部的身心，为了自己的理想而不断奋斗，这是对工作、对事业的热爱……每天晚上疲惫地躺在床上时，才感觉真真切切地过了一天。人生最重要的不仅是努力，还有方向。压力不是有人比你努力，而是比你牛数倍的人依然比你努力。即使看不到未来，即使看不到希望，也依然相信，自己选的人生错不了。第二天叫醒我的不是闹钟，是梦想！

谈到爱，最容易让人联想到“爱情”。的确，爱情的力量很强大，威力也无穷，但是爱情其实很简单，很朴实。爱情不需要天花乱坠，平平淡淡才是真！和一个人在一起，如果他给你的能量，是让你每天都能高兴地起床，每夜都能安心地入睡，做每一件事都充满了动力，对未来满怀期待，那你就没有爱错人。最永久的感情，不是以爱的名义互相折磨，而是彼此陪伴，成为对方的阳光。陪伴是最长情的告白，越是平凡的陪伴，就越长久。

对于爱情，我们不奢求它的圆满，但可以让它至真至纯。现在的社会是一个感情泛滥的社会，爱情早已经成了快餐，不求天长地久，但求曾经拥有。至于将来到底会怎么样，谁去想那么远？于是，爱情便成了孤独时的枕头，寂寞时的旅伴；于是，爱情便成了某些人实现其目的的借口，甚至成了金钱的奴隶。此时的爱情，已经失去了美丽的光环，变得世俗。为什么一个老板再难，也不会轻言放弃，而一个员工做得不顺就想逃走？为什么一对夫妻再吵、有再大的矛盾，也不会轻易离婚，而一对情侣常因一些很小的事就分开了。说到底，你在一件事，一段关系上投入了多少，便决定了你能承受多大的压力，取得多大的成功，坚守多长的时间。

难道当今社会就没有真正的爱情了吗？答案是绝对有真爱的存在。在我教授的《新生命动力》课程里就会讲到生命的真爱，很多人会在这个课程中痛哭流涕，找回真爱。如果有缘分，欢迎读者去体验什么叫真爱？只是现在的人不懂得珍惜爱情，当自己拥有时，便放肆地吮吸爱情的精华，不去浇水，不去施肥，于是爱情之花过不多久便黯然凋谢。当爱情走远之后，才发现苦苦追求的美丽爱情曾经离自己这么近。可惜这世间没有后悔药，所以，当你拥有一份美好的爱情时，要珍惜。

很多科学和事实证明爱是具有很强大的能量的，并且非常神奇，如：在风中旅行的蒲公英，因为风的爱，拥有了飞翔的力量，然后落地、生根、开花，繁衍了生命；在人群中行走的我们，因为家的爱，拥有了坚强的力量，行走、跌倒、站稳、成功，莞尔一笑，连泪水都非常甜蜜。上帝关上了一扇门，必然会为你打开一扇窗。你失去了一样东西，必然会在其他地方收获另一个馈赠。关键是我们要有乐观的心态，相信有失必有得。要舍得放弃，正确对待你的失去，因为失去可能是一种生活的福音，它预示着你的另一种获得。大舍大得，小舍小得，不舍不得。

爱是一个人的本能，从我们来到这个世界上的那一刻起，我们就有一种爱的能力。在成长过程中我们会发现这种与生俱来的爱的能力好像被淹没了。我们经常会听到很多人说“人活着真累”，为什么有那么多的人在不断地抱怨？为什么有那么多家庭的幸福指数不断地降低？为什么有那么多的人没有自信？

因为它们没有找到爱的能量。爱可以改变一切，爱可以拥有一切，爱可以让心灵得到回归，让世间充满爱，爱可以让一个人充满正能量，并传递这份能量。有爱的人身边就会凝聚有爱的朋友，博爱的人身边就会凝聚英雄豪杰，让爱“生生不息”！爱是无私的，爱是伟大的，爱是无边无际的。大爱无疆，善行天下，爱让一切变成可能！爱就像宝藏一样，需要我们去发掘、去开启，然后发挥无穷无尽的能量。每个人都有自己的人生价值，而且不一定与别人相似。当你在一方面做得不够好时，那不代表你就比别人差。换另一方面，别人未必能比你好。人生在世，不要长他人志气，不要拿别人的优点惩罚自己。无论成败，都要相信自己有别人不一定有的优点。学会永远为自己活，挖掘属于自己的价值！

本书正是教人怎么开启这个宝藏，让爱成为生活的源泉！在此，我推荐大家去读一篇文章：羊皮卷之二《我要用全身心的爱来迎接今天》，它会让你找到很多内在的力量！

我要用全身心的爱来迎接今天。

因为，这是一切成功的最大秘密。强力能够劈开一块盾牌，甚至毁灭生命，但是只有爱才具有无与伦比的力量，使人们敞开心扉。在掌握了爱的艺术之前，我只算商场上的无名小卒。我要让爱成为我最大的武器，没有人能抵挡它的威力。

我的理论，他们也许反对；我的言谈，他们也许怀疑；我的穿着，他们也许不赞成；我的长相，他们也许不喜欢；甚至我廉价出售的商品都可能使他们将信将疑，然而我的爱心一定能温暖他们，就像太阳的光芒能融化冰冷的冻土一样。

我要用全身心的爱来迎接今天。

我该怎样做呢？从今往后，我对一切都要满怀爱心，这样才能获得新生。我爱太阳，它温暖我的身体；我爱雨水，它洗净我的灵魂；我爱光明，它为我指引道路；我爱黑夜，它让我看到星辰。我迎接快乐，它使我心胸开阔；我忍受悲伤，它升华我的灵魂；我接受报酬，因为我为此付出汗水；我不怕困难，因为它给我带来挑战。

我要用全身心的爱来迎接今天。

我该怎样说呢？我赞美敌人，敌人于是成为朋友；我鼓励朋友，朋友于是成为手足。我要常想理由赞美别人，绝不搬弄是非，道人长短。想要批评人时，咬住舌头；想要赞美人时，高声表达。

我要用全身心的爱来迎接今天。

我该怎样行动呢？我要爱每个人的言谈举止，因为人人都有值得钦佩的地方，虽然有时不易察觉。我要用爱摧毁困住人们心灵的高墙，我要架起一座通向人们心灵的桥梁。

我爱雄心勃勃的人，他们给我灵感；我爱失败的人，他们给我教训；我爱王侯将相，因为他们也是凡人；我爱谦恭之人，因为他们品格非凡；我爱少年，因为他们真诚；我爱长者，因为他们智慧。

我要用全身心的爱来迎接今天。

我该怎样回应他人的行为呢？用爱心。爱是我打开人们心扉的钥匙，也是我抵挡仇恨之箭与愤怒之矛的盾牌。爱使挫折变得如春雨般温和，它是我商场上的护身符：孤独时，给我支持；绝望时，使我振作；狂喜时，让我平静。

我要用全身心的爱来迎接今天。

我该怎样面对遇到的每一个人呢？只有一种办法，我要在心里默默地为他祝福。这无言的爱会闪现在我的眼神里，流露在我的眉宇间，让我嘴角挂上微笑，在我的声音里响起共鸣。

我要用全身心的爱来迎接今天。

最主要的是我要爱自己。我绝不放纵肉体的需求，我要用清洁与节制来珍惜我的身体。我绝不让头脑受到邪恶的引诱，我要用智慧和知识使之升华。我绝不让灵魂陷入自满的状态，我要用沉思和祈祷来滋润它。我绝不让心胸变得狭窄，我要与人分享，使它成长，温暖整个世界。

我要用全身心的爱来迎接今天。

从今往后，我要爱所有的人。仇恨将从我的血管中流走。我没有时间去恨，只有时间去爱。现在，我迈出了成为一个优秀的人的第一步。有了爱，我将成为伟大的推销员，即使才疏学浅，也能以爱心获得成功；相反地，如果没有爱，即使博学多才，也终将失败。

刘祖斌

2014 年 10 月

目 录

上篇 修炼你的爱心，找到爱的能量

中篇　释放爱的正能量，爱能改变一切

上篇

修炼你的爱心，找到爱的能量

当你为遇到一些小事而发愁抓狂或一些负面因素影响到你生活时，说明你可能缺乏爱的能量，爱的气场还不够强大。你需要修炼你的爱心，历练你的心智，把爱的点滴带回生活，让爱无处不在。

第一章
爱人先爱己，让爱回归本源

爱是一种双向补给，爱需要回归本源，立足于本源。爱他人就要先爱自己，只有这样，才能真正为自己所爱的人付出，使自己所爱的人过上幸福美好的生活。简单来讲，自爱是爱人的起点。

第一节　爱要拥有健康的身体

健康是指一个人在身体、精神和社会等方面都处于良好的状态。传统认为“无病即健康”，现代人的健康观是整体健康，世界卫生组织提出“健康不仅是躯体没有疾病，还要具备心理健康、社会适应良好和有道德”。

因此，现代人的健康内容包括：躯体健康、心理健康、心灵健康、社会健康、智力健康、道德健康、环境健康等。健康是人的基本权利。健康是人生的第一财富。

1978年世界卫生组织（WHO）给健康所下的正式定义，衡量是否健康的十项标准：

（1）精力充沛，能从容不迫地应付日常生活和工作的压力而不感到过分紧张。

（2）精神状态正常。没有抑郁、焦虑、恐惧发作等症状。

（3）善于休息，睡眠良好。

（4）应变能力强，能适应环境的各种变化。

（5）能够抵抗一般性感冒和传染病。

（6）体重得当，身材均匀，站立时头、肩、臂位置协调。

（7）眼睛明亮，反应敏锐，眼肌轻松，眼睑不发炎。

（8）牙齿清洁，无空洞，无痛感；牙龈颜色正常，不出血。

（9）头发有光泽，无头屑。

（10）肌肉、皮肤富有弹性，走路轻松有力。

健康是一种身体上、精神上和社会适应性上的完全良好状态。也就是说健康的人要有强壮的体魄和乐观向上的精神状态，并能与其所处的社会及自然环境保持协调的关系和良好的心理素质，还要有精神。

与健康相对应的概念就是亚健康，指无临床症状或体征，或者有病症感觉而无临床检查证据，但已有潜在发病倾向的信息，处于一种机体结构退化和生理功能减退的低质量状态与心理失衡状态，呈现“一多三退”的表现，即“疲劳多，活力减退、反应能力减退、适应力减退”的一种生理状态。

一般来说，亚健康状态由四大要素构成：即排除疾病原因的疲劳和虚弱状态，介于健康与疾病之间的中间状态或疾病前状态，在生理、心理、社会适应能力和道德上的欠完美状态，以及与年龄不相称的组织结构和生理功能的衰退状态。

亚健康内涵丰富，外延广泛。可以这么说，健康概念的范围有多大，亚健康的涵盖范围就有多大；疾病和病症谱涉及领域有多宽，亚健康谱的涉及范围就有多宽。亚健康的分类和主要内容可概括为如下几个方面。

（1）躯体亚健康。主要表现为不明原因或排除疾病原因的体力疲劳、虚弱、周身不适、性功能下降和月经周期紊乱等。

（2）心理亚健康。主要表现为不明原因的脑力疲劳、情感障碍、思维紊乱、恐慌、焦虑、自卑以及神经质、冷漠、孤独、轻率，甚至产生自杀念头等。

（3）社会适应性亚健康。突出表现为对工作、生活、学习等环境难以适应，对人际关系难以协调，即角色错位和不适应是社会适应性亚健康的集中表现。

（4）道德方面的亚健康。主要表现为世界观、人生观和价值观上存在着明显的损人害己的偏差。

亚健康发生的主要原因，有以下几点。

第一，过度紧张和压力。研究表明，长时期的紧张和压力对健康有四害：一是引发急慢性应激直接损害心血管系统和胃肠系统，造成应激性溃疡和血压升高、心率增快、加速血管硬化进程和心血管事件发生；二是引发脑应激疲劳和认知功能下降；三是破坏生物钟，影响睡眠质量；四是免疫功能下降，导致恶性肿瘤和感染机会增加。

第二，不良生活方式和习惯。如高盐、高脂和高热量饮食，大量吸烟和饮酒及久坐不运动，是造成亚健康的最常见原因。

第三，环境污染的不良影响。如水源和空气污染、噪声、微波、电磁波，及其他化学、物理因素污染，是防不胜防的健康隐性杀手。

第四，不良精神、心理因素刺激。这是心理亚健康和躯体亚健康的重要因子之一。

针对亚健康的成因和危害，必须强化自我防护，牢记预防亚健康的“十字方针”：“平心”，即平衡心理、平静心态、平稳情绪；“减压”，即适时缓解过度紧张和压力；“顺钟”，即顺应好生物钟，调整好休息和睡眠；“增免”，通过有氧代谢运动等增强自身免疫力；“改良”，即通过改变不良生活方式和习惯，从源头上堵住亚健康状态发生。

有健康才有一切，有健康才有将来。爱惜自己，首先要从自己的身体着手，因为身体是“革命”的本钱，只有健康是你所有一切的支柱。如果没有健康，什么都不再有意义，没有健康再多的钱也没有意义，没有健康再大的房子也没有意义，没有健康再好的车也没有意义，没有健康再漂亮的妻子或好老公，再可爱的儿女也没有意义。因为这些都很可能在你没有健康离开人世之后，而变成别人的。

第二节　爱要对生命负责任

生命是一个永恒的话题，也很沉重。珍爱生命，因为生命只有一次。

有这样一篇报道，一个风华正茂的高中生因为参加同学的生日会晚归时，为了贪图一时之快，在翻越马路中间的铁栏栅的时候，被一辆疾驰而来的汽车给撞倒。

后来这位同学虽然幸运地保住了性命，然而却永远地成了植物人。他的父母为了能够医治好他们的儿子，倾家荡产四处奔波却也无力回天。只好整日里以泪洗面，望着床上毫无反应的儿子唉声叹气。

罗曼·罗兰曾告诉我们：只有生命是神圣的，对生命的爱是第一美德。

不要以为你还年轻，你拥有着无比旺盛的生命力，就可以忽视对生命的热爱。如果你不热爱自己的身体，很可能就会生病或者飞来横祸，让生命戛然而止。阿里巴巴的创始人马云先生曾说，可以有人替你开车，替你赚钱，但没人替你生病！什么东西丢了都可以找回来，但有一件东西丢了就永远找不回来，那就是生命。一场大病往往改变一个家庭的命运，甚至使一个红红火火的家庭倾家荡产……

不要因为买了医保或昂贵的商业保险就觉得可以高枕无忧了，那不是保障，那只是对生命极端不负责任的无知的依赖，而依赖是绝对靠不住的。不要以为你有钱可以买昂贵的保健品或者你只吃有机食品就可以保持健康了。如果健康只是和吃的有关系，那么人类早就可以不依赖医疗保障了，或者那些有钱人就可以不生病、不早死了。

生命是珍贵的，人生是短暂的。我们要把对生命的爱当作一种责任。

小刘在建筑工地担任安全主任那会儿，每到照例上工地巡查的时候，所到之处总会听到一些压低着嗓子的叫喊声：来了，来了，快把安全帽戴好，不然又要被罚款了。这是一些眼尖的民工向那些不戴安全帽或高空作业不系安全绳的同伴们发出的警告声，以便让同伴们能够逃脱因违章作业而受到处罚。

于是，小刘也常常见到那些慌乱之中戴上安全帽或系上安全绳的人，心有余悸地看着他手中的记录本和违章处罚通知书。甚至当小刘转过身的时候，仍然能够感觉到他们脸上那如劫后余生般的欣喜。

每当工友们在暗自欣喜或庆幸的时候，小刘无限感慨，他不知道每一次的安全教育学习在工友们的心里究竟产生了怎样一种意义，更不理解他们竟会将一份处罚通知书看得比自己的生命还要重要。

生命属于每一个人的且它只有一次。当我们为人子，为人夫，为人妻的时候，生命便不仅仅是我们自己的了。而此时我们活着更多的是一种责任。对自己，对亲人，对家庭，对社会的一种责任了。

忽视生命的行为，其实就是一种对亲人，对家庭，对社会不负责任的行为，甚至可以说是一种极其自私的行为。因为他们为了贪图一时之快，一时之方便，而将自己的生命连同一种责任抛之脑后。他们没有想到，当你因漠视生命而遭遇不幸时，身边所有爱你和关心你的人都将陷入一场无边的噩梦中。

所以，请珍爱自己的生命，把对生命的爱当作是一种责任，一种崇高的责任吧！

第三节　爱让人生充满激情

我们每个人都可以是生活的艺术家。活出激情的意义就是找出你爱做的事，然后全力以赴。不管你是否能得到金钱上的回报，你都坚持到底，这便是真实生活的最好方法。当你从事自己爱做的事时，自然会精力充沛、信心十足。

每个人都在用自己的方式活出激情，有些人等着自然的召唤，有些人承担着天降的大任。而有些人甚至没什么激情，只希望生活中有一两件刺激的事就够了，那么生命将只是一个逐渐衰退的过程。

活出激情可以以不同的方法开始，发现自己的兴趣所在是你一生的工作。无论你的目标是什么，你喜欢的事物会使你全神贯注，你的激情会如流水般扩散出去。当你全神贯注在自己的兴趣上时，你会忘记周围的一切，犹如沉浸在幻境中。等工作完成时，你会感到心灵的宁静与安详。当你专注于工作时，你忘了自己是谁，但创作灵感却源源不断。

为什么不是每个人都能活出激情来呢？为什么许多人总是活在半梦半醒之中，埋怨着生活的无趣？有两个主要因素在作怪：一项是人们并不知道激情是非常重要的；另一项是人们不会因为激情而受到赞美和鼓励，结果许多人都不知道他们真正的激情所在。

在寻找自己的兴趣之前，我们首先需要知道发挥激情的重要性，否则就难以坚持到底。如果不培养自己的能力，你的生活就会充满挫折感，你永远也不会感到激动和欢乐。那些追寻自己激情的人是我所认识人中最幸福、最完美的人。那些一味追求金钱和地位的人永远也不可能使自己心平气和，他们是永远无法满足的人。一旦他们实现了目标就会发现其中的空虚，因此他们便努力向更高处爬，去获取更多的金钱和权力。

当人们对自己的工作并不真正感兴趣的时候，他们会变得野心勃勃。野心是一种伪装的动机，它假装有激情在其中。一些人将力量放在控制别人身上，就是因为他们没有做自己最感兴趣的事，所以试着找些替代品来自我满足。你可以轻易地分出野心与激情的区别，只要你问他这个工作没有金钱的回报他还做不做就可以了。一个人如果对一项工作有激情自然会全力以赴，不管是否有回报。

在艰难中，你更需要找出你的激情来，建立一个与你有共鸣的人际群体。你最要好的朋友应当能和你一起在关怀中工作。当你计划中的会议完成，基金也凑足之后，大家一起坐下来闲聊，取笑着刚刚发生的错误，彼此都觉得更加亲近。

发挥激情能带给你真正的自信。因为当你集中注意力于你所热爱的事情时，并不是专注于你的形象，而是会产生自信。

我们都看过指挥家指挥一个乐队，他们的头发凌乱，随着音乐来回起伏。但是有谁会留意这些呢？他们生命的激情正在音符上流动、跳跃。

活出自己的激情来吧，找到你喜爱的工作，然后全力以赴，找到你的梦想，然后执着地去实现它。生活，需要激情。激情，会让我们的生命更加的美丽！

第四节　爱要学会欣赏自己

我们之所以会对一些事物产生厌倦，多数时候是因为我们在这些事物上投入了大量的精力，对结果寄予了太高的期望，但结果却并不让人满意。这就让我们感到很沮丧，认为自己的努力全都白费了，从而对这件事失去了兴趣，继而产生了厌倦心理。

有一位年轻人，做销售工作已经有三年了。刚入行的时候，他曾给自己定下了远大的目标。为了这个目标，三年里他东奔西跑，经历了不少的坎坷与挫折。当然，在这三年里，他也学习到了各种销售方法和技巧，磨炼并提高了自己的销售能力。事实上，通过辛勤的付出，他也获得过公司的表扬，得到过不少的奖金。但是，突然有一天，他开始对销售工作感到厌倦，对自己的前途产生了怀疑。他觉得自己的工作没有一点乐趣，每天都是在重复同样的事情。这种情绪越来越强烈，他感觉自己力不从心，内心疲惫到了极点。

他有了辞职的打算，但又放不下自己的工作，已经坚持了这么久，他也不舍得放弃。于是，他陷入了深深的矛盾之中。虽然他还是坚持每天上班，但工作状态已远不如以前，有时候甚至会因为自己的消极情绪而失去本该得到的订单。

当我们的辛勤付出得不到预期的回报时，就会出现厌倦情绪。这种现象可以用资源守恒理论来解释。每个人拥有的资源是恒定的，比如你拥有技术资源、情感资源、人际社会资源等，它是有一个恒定数目的。工作要求我们必须付出相应的资源，当你的资源减少却又没有得到及时补充的时候，你就会对所从事的职业产生厌倦情绪。

从理论上讲，这种厌倦情绪其实是在保护自己。它提醒我们，目前的工作已经用完了我们的资源，我们要离这个工作远一点。这是一个提醒你需要做出改变的信号，你也许到了一个职业的更年期，原来支持你的那些东西不再有效了，你可能需要更新你的职业目标了。

这是不是意味着我们必须要换一份新工作？

答案并不绝对。事实上，如果你能学会肯定自己的成绩，学会欣赏自己，也能克服这种厌倦情绪。

根据马斯洛的需求层次理论，人类的需要按由低到高的顺序可以分为生理需求、安全需求、社会需求、尊重需求、自我实现需求五个层次。显然，尊重需求处于一个比较高的层次。一旦这个需求满足不了，人们前进的推动力就会消失。

实际上，每个人都是追求上进的，都需要获得应有的物质回报，并满足自己的心理需求。如果不管怎么干，都是在原地踏步，或者得不到别人的认可和支持，那么人们的积极性、创造性必然会受到打击，工作的热情也会随之消减，从而使内心的失败感、挫折感、厌倦感进一步扩大。长期处在这样的状态中，其成长进步的信心和信念发生动摇也就是很自然的事情了。

所以，我们要学会通过欣赏自己来调节自己的情绪。每得到一点小小的收获，做出一点小小的成绩，我们都要自我鼓励一下，以便让自己有足够的热情去进行下一步的工作，而不致产生厌倦。

卡耐基说过："发现你自己，你就是你。记住，地球上没有和你一样的人。在这个世界上，你是一种独特的存在。你只能以自己的方式歌唱，只能以自己的方式绘画。你是你的经验、你的环境、你的遗传造就的你。不论好与坏，你只能耕耘自己的小园地；不论好与坏，你只能在生命的乐章中奏出自己的发音符。"

的确，我们每个人都是独一无二的。这个独特的"我"，既有优点，也有不足。一个人只有充分地自我接纳，懂得欣赏自己，才能有良好的自我感觉，才能自信地与人交往，出色地发挥自己的才能和潜力。假如一个人不懂得欣赏自己、接纳自己，老是以怀疑的、否定的态度看待自己，就有可能限制甚至扼杀自己的生命力。

欣赏自己并不是傲视一切的孤芳自赏，也不是唯我独尊的狂妄不羁。它是一种醒悟，一种境地。它是给予自己信心的源泉，一种推动自己向挫折挑战的动力。人生自古多磨难。但是，只要你学会欣赏自己，你就会觉得幸福其实是那么简单。

生活中有很多种快乐，但有一种快乐能够让人终生难忘。那就是得到真诚的鼓励和真正的欣赏。鼓励和欣赏可以帮助一个人战胜自我，获得自信，从而更加勇敢地面对生活。

欣赏自己的人是自信的人。欣赏自己的人是没有偶像的，因为人们对于偶像的感情只能是崇拜和羡慕，可是如果太崇拜和羡慕一个人，就会失去自我。欣赏自己的人总是带着同样欣赏的目光去欣赏别人——只是欣赏，而不是崇拜或者羡慕。于是，很容易使别人的优点变成自己的优点。欣赏自己的人也便是更会学习的人了。

推此及彼，我们周围的人（无论是孩子还是长者，也无论是同学还是领导）一样需要得到鼓励和欣赏，所以，不妨把你的掌声送给他们，用你的方式去欣赏他们，当然，结果是分享他们的快乐。其实，让自己和他人快乐起来的道理很简单，那就是学会相互欣赏。欣赏激活创造力，创造带给人快乐，快乐增强信心，信心提高生活质量。这一切都源于欣赏和被欣赏。

我们必须学会自我欣赏、自我品评，学会在无人喝彩的时候能照样前行，而且行得更好。另外，还要学会欣赏他人，将你的快乐带给他人。如果我们都能用一种欣赏的眼光去看待自己和身边的每一个朋友，世界一定会更加美好。

学会欣赏自己，首先要学会爱自己，但是你必须先了解自己，了解自己之后才知道如何爱自己，明白自己想要表达什么。其次要培养自己优雅的举止。优雅不是“矫揉造作”，优雅是“以最少的能量创造最大的效益”。仔细注意镜头中的自己，看看自己的举止是否得体，微笑是否宜人，大胆地对自己品头论足一番。你如何观察别人，就如何观察自己。你要使自己看起来优雅脱俗，气度不凡，这样才会成为别人眼中的一道风景。

学会欣赏自己，还要多做些你有信心可以完成的事，因为使自己完美的另一个要素就是“自信”。培养自信心，你将会更加清楚地认识自己的价值，一个有价值又有自信的人怎么会没有魅力呢？但是，要清楚自信和自负之间的区别，自信是相信“我们都可以做到”，自负却是“只有我能做到”。

学会欣赏自己，最后还要让自己成为天真的人。了解自己本质的人都是天真的，因为他们明了“真、善、美”是一体的，他们决定活在真理当中，同时，他们也活在“美”中。

第五节　爱自己，激发无限潜能

每个人都带着成为天才人物的潜力来到人世，也带着幸福、健康、喜悦的种子来到人间。人的大脑与生俱来就有记忆、学习与创造的莫大潜力，而且能力比你所能想象的还要大得多。你要确信，每个人都是如此。

著名的心理学家奥托指出，一个人所发挥出来的能力，只占他全部能力的4%。也就是说，人类还有96%的能力尚未发挥出来。

一位年轻的母亲，在家照顾她两周岁多的儿子。孩子睡着后，母亲把儿子放在小床上，她趁儿子熟睡这段时间去附近的菜市场买菜。这位母亲买完菜走到居住的楼群时，由于惦记着儿子，她不由得朝自己居住的方向望了一眼。这一望不得了，发现四楼阳台上有个黑点在蠕动。

“糟了，我的儿子。”她大叫一声，疯狂地往前跑，边跑边喊，“孩子不要往外爬!”但是孩子哪里听得懂呀，她看到妈妈朝她挥手，兴奋地乱蹬乱舞，拼命往外爬。这时要跑到四楼阻止儿子，已经来不及了，这位母亲于是就拼命地跑，刚好在儿子掉下来的一刹那，跑过去伸出双臂稳稳地把儿子接住了。

据统计，她当时奔跑的速度，比那时的奥运冠军的速度还快。后来有记者找到这位母亲，要她重复一次。虽然是拿个布娃娃从四楼扔下来，试了一次、二次、三次，但是这位母亲根本跑不出当时的速度。孩子不是自己的就接不住，孩子是自己的就能接住。其动机如何，我们暂且不论，但足以说明，人的潜能是存在的。

我们每个人都有巨大的潜能。任何人只要注重潜能的开发和运用，使潜能得到适当的发挥，都可干出一番惊人的事业。我们相信，无论是事业有成还是事业无成，无论是年老者还是年轻人，无论是搞行政的还是搞业务的，只要相信自己，相信自己的潜能，就一定会有所作为。

心理学家研究发现，人的潜能与潜意识有关，而且人的潜能就存在于潜意识之中。要开发人的潜能，必须对人的潜意识有所了解。

1858年，瑞典的一个富豪人家生下了一个女儿。然而不久后，孩子患了一种无法解释的瘫痪症，丧失了走路的能力。

一次，女孩和家人一起乘船旅行。船长的太太给孩子讲船长有一只天堂鸟，她被这只鸟的描述迷住了，极想亲自看一看。于是保姆把孩子留在甲板上，自己去找船长。

孩子耐不住性子等待，她要求船上的服务生立即带她去看天堂鸟。那服务生并不知道她的腿不能走路，而只顾带着她一道去看那只美丽的小鸟。

奇迹发生了，孩子因为过度地渴望，竟忘我地拉住服务生的手，慢慢地走了起来。从此，孩子的病便痊愈了。女孩子长大后，又忘我地投入到文学创作中，最后成为第一位荣获诺贝尔文学奖的女性，她就是茜尔玛·拉格萝芙。

茜尔玛·拉格萝芙之所以能够痊愈，一方面是她潜意识里没注意到自己不能走，另一方面就是忘我的投入到自己渴望的事情中去。

美国学者詹姆斯研究发现，普通人只开发了他蕴藏能力的10%，与应当取得的成就相比较，我们不过是半醒着的，我们只利用了我们身心资源的很小很小的一部分。

把人的能力比作海面上漂浮着的一座冰山，阳光之下，颇为壮观。其实真正壮观的景色不在海面之上，而在海面之下。与浮出水面上的那部分相比，沉浸在海面下的那部分潜能是它的五倍、十倍，甚至上百倍。

任何一个平凡的人，都存在巨大的潜能，只要他的潜能得到合理发挥，都能获得巨大的成功。那些被世人称为天才者，为人类做出突出贡献者，只不过是开发了他们的潜能而已。

20 世纪的科学巨匠爱因斯坦，在他死后，科学家对他的大脑进行了研究。结果表明，他的大脑无论是体积、重量、构造或细胞组织，与同龄的其他人一样，没有区别。这说明，爱因斯坦事业的成功，并不在于他的大脑与众不同，而是在于他充分开发了自己的潜能。

不要把自己当成弱者，也不要说“我不行，我不能”，忘我的投入到工作中，相信自己能够做到，你的潜能就会被发掘出来，你的工作就会做得比以前优秀。忘我是走向成功的一条捷径，只有在这种环境中，人才会超越自身的束缚，释放出最大的能量。除此之外，适当给自己增加一些压力，逼迫自己开发自己的潜在智能和体能，也能使我们变得更加优秀。

伟大是从平凡中走出的，你的无限潜力，就在你坚持不懈的进取、加倍勤奋的努力与吃苦耐劳的拼搏中。

第二章
爱家庭，经营爱的港湾

人生就是因为有了爱才不会孤独，有了家庭才会温暖，因为家庭才是真正避风的港湾，可以说爱家庭，是对生命获得的理性认识。它是对社会责任的原始反哺，人一出生就无时无刻地感受家庭的爱，这种爱之存在，让我们感受到家温馨的一面。

第一节　爱父母，尽孝道

在当今快节奏的社会中，人们总是喜欢把“忙”挂在嘴边，除了工作还是工作，好不容易迎来了周末，他们还要忙于各种交际，根本无暇回家看望老人。家中父母挂念儿女，就会通个电话，听到儿女都说“忙”，不仅感到万分寂寞，还为儿女的拼命工作感到疼惜。

忙是好事，但是忙得昏天暗地的，忽略了父母，就万万不该了。然而却有人认为，现在的努力工作就是为了让父母的晚年生活更加幸福，而且钱挣够了，自己今后还能早退休，每天陪伴着父母。但是，意外时有发生，我们并不能预知未来，更不能知道自己的父母还能在世多久。而这其中的道理也只有经历过的人才能深刻地明白。

有一个青年，他的理想就是想要成为一名作家，为了能够尽快实现这个理想，他在家中废寝忘食，并且为了自己能够专心写作，拒绝别人的打扰，包括自己的父母。后来甚至为了能让自己的思维更加开阔，他搬出了家，到了一个清净的山村居住。

父母非常挂念他，可是又怕打扰他的写作而没有给他打电话。而这个青年一直都只专心于写作，已经忘记了自己的家人。因为长期熬夜，不按时饮食，他的头总是一阵阵疼痛。但是他却以为头痛只是暂时的，所以对此毫不在意，当头痛来袭，他就用毛巾将头部勒住，这样头痛感就减轻了很多。

但是，随着时间的流逝，头痛感不但没有减轻，而且还越来越严重，终于有一天，他晕倒在了地上。而当他再次睁开双眼的时候，看到了守在自己身边两鬓已经斑白的父母，还有年龄很小的妹妹。而他也知道了自己头痛是由于脑中生了恶性肿瘤，肿瘤压迫神经造成的。现在，因为病情非常严重，只能尽量延长生命长度，无法彻底根治。

在他将要离开的这段时间，他除了写作，还陪父母聊天、看电视，而这时，他才发现自己错过了孝顺父母的时间。但是，病魔并没有同情他，三个月后，他遗憾地离开了人世，死之前，他想，如果有来世，他一定会把生命的大部分时间用在陪伴父母上。

在竞争如此激烈的今天，人们不得不为了更好地生活而去忙碌，在家中闲一分钟都觉得是在浪费时间，这样到头来也许你会挣到很多的财富，但是，这些财富是你浪费掉多少陪伴父母的时间换来的！也许你会说："虽然不能陪伴父母，但是我可以给他们更好的生活。"但是，这并不是尽孝，就算是尽孝，这种方式也是最低级的。你要想一想，父母拿那么多钱来做什么？这些钱能买来自己儿女和自己说笑的时间吗？金钱并不是他们想要的。

古语云："树欲静而风不止，子欲养而亲不待"随着我们身体日益强壮，父母却在一天天衰老下去，在世的时间已经进入了倒计时，而这也意味着我们尽孝的时间越来越短了。如果我们总是忙于事业，等到自己有钱后真正想要孝顺父母时，父母也许已经不在了。尽孝，儿女可以等，但父母却等不起。

在当今社会，有不少人为了财富而引起家庭风波，但是也有不少人正为未来得及尽孝而后悔不已。所以，在我们忙碌的时候、烦恼的时候，不如多回家看看，你的经常陪伴是对他们最大的尽孝。不要总是借口说"忙"，因为在这个世界上，没有比尽孝还重大的事情了。

每个生命从呱呱坠地到长大成人，无时无刻不渗透着父母全身心的关爱。照理讲，父母老去时，恪尽孝道也是天经地义的。然而现实生活中，"尽孝"却往往被人们排在次要的位置。

四川省社会科学院的一项调查显示，20%以上的父母表示子女不够孝顺。也就是说，平均每五个老人，就有一个生活在"孩子不孝"的阴影当中。很多老人反映儿女很少看望自己；自己就是孩子们的保育员、钟点工……

调查中，71.63%的年轻人认为，孝的含义是“善于奉养父母”。有人提出给父母足够的钱；有人说保证他们的身体健康；还有人说老人就是“老小孩”，隔几天哄一哄就万事大吉。

事实上，孝顺还包括精神生活的理解和慰藉，是情感上与父母的沟通，更是心灵深处与父母相依相伴的儿女真情。

关于孝顺老人，有一个古老的故事。

一对夫妇很不孝，把年迈的双亲撵到破旧的小屋，用小木碗送剩饭剩菜给老人吃。

一天，他们的儿子在刻一块木头，一问，孩子说“我在刻木碗，等你们老了好用。”夫妇幡然醒悟，扔掉木碗，好好孝敬老人，儿子也转变了对他们的态度。

的确，孝道是一种道德品质，是后天培养的。所谓“养不教，父之过”，想要拥有一个孝顺的孩子，就必须在家庭中，让孩子从小体会“爱”的教育和“孝”的熏陶。具体来说，不妨从日常生活的点滴培养，建立正确的孝顺观。

第一，明确家庭关系。家庭中，应当营造一种长幼有序的环境，让孩子从小知晓长幼尊卑。比如等父母长辈都到齐才能吃饭；看电视先征求长辈的意见等。

第二，坚持细节训练。孩子的道德标准和生活习惯几乎完全在家长的引导下建立。因此，可以根据孩子的年龄和能力，提出具体要求。比如，幼儿园和小学的孩子，可以要求他们“回家主动和父母问好”；中学生可以要求“父母生病时主动照顾”等。

第三，父母以身作则。孩子最善模仿，就像父母的一面“镜子”。因此，父母绝不能让家庭中出现上面的“小木碗”。须知，您今天给自己的父母倒一杯水，将来您的孩子就可能端一碗汤，送到您的床前。

第二节　爱妻子，珍惜眼前人

男人的“疼”满足了妻子做小女人的愿望。是真爱，就一定是温柔的。所以，作为丈夫，如果你爱妻子，那就要疼她、怜她、宠她。而这三个词最后都能归结为一个“疼”字。

你心疼她，因为她受苦；怜她，因为她弱小；宠她，因为她这么信赖地把自己的终身托付给你，在你怀里觉得安全。所以，疼妻子，就是你爱妻子；疼妻子，就是你为婚姻修筑的爱的城堡。

有些丈夫往往也知道要疼爱妻子，可疼的方法不对。

有位男士说：“我每月工资上交，她不愁吃，也不愁穿，作为一个女人，她的日子这么好过，还有什么不满足的！”

我一看这位丈夫，身材高大威猛，说起话来掷地有声，心里便猜到了八九分。我先是一笑，然后对他说：“你是北方人吧?”男士点头不语。

“看得出来，你疼妻子，是一心一意的。我能够理解，你的确不容易。”男士得到了我的理解，脸上舒展开来了。

“可是我还要送你六个字——最简单，最宝贵！”仔细想想，婚姻里能有什么大事？无非是些柴米油盐酱醋茶。两个人过日子，既然是小事，就要从小事做起，最简单的也就是最宝贵的。

在婚姻中，很多人都有可能忽视一些简单的东西，总以为细节不起眼，可是天长日久，最简单的爱才会赢得最珍贵的情。

在生活中，我们常常责怪妻子，说她们不讲道理，喜欢发脾气，而且不分时间和对象。其实，女人是有委屈的，做丈夫的应该包容。

女人每个月都有那么几天，轻者脾气不好，重者犹如生重病。心理学家研究证明，这个非常时期女性最容易心情烦躁。所以，对于妻子的无名火，丈夫应该包容。一个会疼女人的丈夫，这几天一定要温柔地陪着她，而以后的好处绝对是男人的。

小赵一直在部队里工作。大家都会觉得，军人比较威严，可是小赵不一样。他自称自己是“里里外外的一把手”，每天接送老婆上下班，尤其是在老婆每个月不舒服的那几天，更是体贴备至。他硬不让老婆沾冷水，做饭、洗衣，家务活自己全包了；晚上给老婆打来洗脚水，甚至连老婆不小心染红的床单，都是他拿去洗！

朋友们都羡慕他妻子找了个世上绝种好老公，妻子还没说话，这位老兄就乐呵呵地帮忙解围：“男人都要有责任感的，不是说上海男人顾家吗？给老婆端端洗脚水，这没有什么啊！”

其实，小赵对他老婆好，妻子肯定会感动和高兴的。夫妻两个结婚8年了，生了两个孩子，而妻子并没有变得憔悴和苍老，每天笑盈盈的，性格也越来越温柔了。小赵觉得生活开心又甜蜜，说妻子很大度，也不怎么使性子。

丈夫的呵护与疼爱让妻子如沐春风。原来妻子的“好性格”也是丈夫“疼”出来的啊！

一位很要好的朋友来我家，告诉我她要离婚了。起初我还以为她在开玩笑，感情那么好的夫妻，怎么说离就离呢？

这位朋友没有直接回答我，她从怀里拿出四本年历，我看到每本年历都像印着花的布一样，上面布满了红色的圈圈。朋友边流泪边解释了，我这才知道她的婚姻一直是孤独的、惆怅的。

原来她的丈夫是个连一句心疼人的话都舍不得说的人。我知道丈夫还是爱着我的。可是，我实在不明白，他为什么明明爱我却舍不得给我一点点温存呢？结婚几年来，我唯一的感觉就是孤独和委屈。

从小我就是在孤独中长大的，我总是想谁能化解我心中的孤独，我就嫁给谁。后来我遇到了我的丈夫，一个非常聪明、多才多艺的青年，他懂英文、会弹吉他、爱好古典诗词、喜欢摄影和种花，与我的爱好非常吻合。虽然他的家庭并不富裕，但他的才华让我心仪不已，就这样，我们结婚了。

原以为有着生活情趣的人就一定情感丰富，然而，当我把自己连同所有的情感都交付给他以后，我却感觉更加孤独了。

他不喜欢用语言和我交流，因而我只能独自品尝生活中的哀乐；

他不喜欢与人交往，因而我的同学渐渐不再上门；

他不懂得怎样关心妻子，因而我从来没有体验过丈夫的温情……

有一次，我跟着他去购物，走着走着就不见了他的踪影。等我在原地傻傻地等了好长时间，心里特别委屈地独自回到家时，他却早已安坐在家中，嘴里还咕嘟着怪我没有紧跟着他！

我怀孕那年冬天的一个早晨，我和他一起去上班。天正下着大雪，公共汽车踏板上的积雪已经被踩成了冰，下车时，他照例走在前面，全然不顾怀孕的我。脚一滑我跌倒了，腹中的小生命差点夭折，那次我流了好多好多伤心的泪……

从此，我就独来独往，因为他的冷漠让我感到十分的孤独、伤心难过！

我想到过离婚，但是母亲不希望我重蹈她的覆辙，我更不忍心让我的孩子出生就品尝我小时候单亲的滋味。况且，我的感受虽然刻骨铭心，但似乎又构不成离婚的理由。我只能把对爱、对相互交流和理解的渴望深深锁进心里，让自己的情感在这冷漠的日子里一天一天地受煎熬。

于是，每当我受了委屈，我就在年历上画一个圆圈，看自己一年里为家庭、为孩子忍受了多少次内心的折磨。我要把受伤的次数记下来，等到500次的时候，我就离婚……

我们有很多丈夫，金口何其尊贵啊！妻子渴望被疼、被爱，其实要求的并不多，常常就是一句关心的话。在妻子身体不舒服的时候，做丈夫的轻轻问一句“好些了吗?”天冷的时候，给她打个电话，提醒一下“记得加衣服噢”……记住！平常的嘘寒问暖永远不多余，它真的能实实在在地让妻子感到幸福和慰藉。

第三节 爱孩子，给孩子未来

现实生活当中，很多父母认为，爱孩子就是孩子要什么就给什么。他们为孩子牺牲一切，付出一切，千方百计地让孩子吃好的、穿好的，即使自己省吃俭用，也要给孩子最好的物质享受。这其实是在溺爱孩子，会害了孩子。

如今，“四二一”式的家庭结构让孩子们的地位变得无与伦比的高，溺爱由此产生。十有八九的父母把自己的孩子当成“小太阳”“小皇帝”“小公主”来对待，总觉得这样才是爱孩子，其实这是父母对管教子女的认识不足。等到孩子表现出诸多不良后果时，才发现，这种溺爱，除了表达父母的慈心善意之外，实在没有给孩子的成长带来任何有益的因素和养料。

孩子是爱的结晶。热爱自己的孩子是人的天性，然而，教育毕竟是一门艺术。中国许多父母对孩子的爱不可谓不深，情不可谓不真：“我愿为你牺牲一切。”这似乎已成为中国父母的赌注。结果呢？与父母期望大相径庭的一批衣来伸手、饭来张口的“作品”被创作出来了：一批贪得无厌、好逸恶劳的败家子产生了。

俗话说：“溺子如杀子”。溺爱孩子的危害是不言而喻的。溺爱孩子并不是爱孩子，而是把孩子“往火坑里推”。很多悲惨的事例教训我们：孩子的父母没有把握好疼爱孩子的尺度，超过限度的溺爱让孩子丧失了辨别是非的能力甚至是生活能力。父母需要爱孩子，没有爱就没有教育。但要爱中有教，教育与爱相融合。要保护适度，而不失方寸。

1. 爱孩子不是溺爱孩子

一个校风很好的学校选出了一批成绩较好的一、二年级学生，参加了一个夏令营活动。

在途中，学生们还没有走到200米，就有学生说自己走不动了，要休息，没办法，老师只好叫学生们休息，做午饭，午饭做好后，老师们已盛好了饭，坐在草地准备吃时，发现学生们个个都看着他们。

老师奇怪地问他们怎么不盛饭吃，回答的却是："在家里爸爸妈妈在我们每次吃饭之前就已给我们盛好了饭，我们只管吃，不会盛饭。"没办法，老师们只好给他们一个又一个地盛饭。

可见，大多数孩子在成长过程中，缺乏父母的关爱。这确实令人担忧。虽说父母之爱是伟大的，令人敬佩的，可是这样的溺爱，最终会害了孩子。所以请天下父母收起这份对孩子的溺爱，增加对孩子的磨炼与独立性的培养，让孩子们成为祖国真正的栋梁之材！

2. 爱是孩子生命中最强劲的动力

爱是父母给予孩子生命中最强劲的动力，它足以震慑每个人的心灵，使懦弱的人坚强，邪恶的人善良。爱是温暖，是鼓励，是希望。它的光芒令你终生难忘。爱孩子，就要给孩子未来。

惠的儿子生下来3个月时得了一场大病，由于当时孩子很虚弱，打针都看不见胳膊上的血管。最后，医生看到孩子哭时脑袋上崩起的血管，就从那里打了一针。

当时医疗条件落后，可能针管未消好毒，孩子的头肿得很大。一连几个晚上，孩子都无法睡觉，整夜哭叫着。于是，惠就抱着他在地上不停地走，孩子不哭时，她也不敢放下，坐在床上靠着墙壁到天明。后来，孩子的命保住了，但没有意识、没有思维，只是呆呆地躺在床上，一动不动。于是，惠变卖了家产，和丈夫一起背着儿子四处求医问药。

对惠来说，这种漫长的辛苦远远大于生育的痛苦，但她从来没有因此而有半点悔念。惠认为：只要孩子有一口气在，就要为他负责一生。

终于，她有了喜悦和成功。渐渐地，儿子会走路了，会咿呀学语了。当儿子 3 岁喊出第一声“妈妈”时，惠激动得热泪长流。后来，儿子 7 岁时上了幼儿园，12 岁时上了小学三年级。惠送孩子上学时充满了自豪和骄傲，因为这一切不知是用多少汗水与泪水换来的。

后来，儿子考上了中学，丈夫所在的那个单位却停产了。丈夫拖着一条因小儿麻痹症落下的残疾的腿，每天到远郊一处破烂的厂房加工板材。由于资金有限，只能几米几米零星地买进木材。舍不得雇工人，丈夫就白天加工一些板材，晚上做些木凳、圆桌之类，饿了就在炉盖上烤凉馒头，就着大块咸菜吃。他们家住在桥东，和桥西的加工厂遥遥相望。惠中午下班后去桥西为丈夫做饭，晚上回到桥东照料儿子。

再苦、再累他们都从不抱怨，怕儿子分心，影响学习。儿子也很有出息，体谅父母的苦处，刻苦学习，成绩每次在班级都是名列前茅。看到儿子拿回的奖状，惠和丈夫觉得再苦再累也值。

儿子念初三时，需要买各种复习资料、参加各种辅导班。为了增加收入，丈夫就把加工剩下的木头刮成菜板，拼成面板，再小些的木头他就用凿子一下一下地刻，硬是把一些硬木板刻成了洗衣板。惠在晚上下班后，急匆匆地做好晚饭，推着自家的独轮小车装着菜板、面板、洗衣板去街上卖。

三九天，滴水成冰。第一天晚上，一块也没有卖出去，惠急得连晚饭都没有吃。第二天晚上，她仍然是一无所获，但想到孩子要念书，她就告诉自己：要坚强。第三天晚上9点，终于卖完了。当她穿着沉重的皮袄，推着车子回家时，连说话的力气都没有了。回到家看到孩子的笑脸，体会到了孩子成长的喜悦，惠一下子又忘记了疲劳。

后来，儿子没有辜负他们的期望，考上了大学。开学前一天，她想起以前所受的苦和经过的风风雨雨，不禁潸然泪下。儿子先是呆呆地看着，忽然走过去说："妈，我毕业后挣钱养活你们。"一句话让她泪如泉涌，一把抱紧了儿子。儿子的一句安慰，便是母亲无私奉献的动力。

鲜花可以枯萎，容颜可以老去，生活可以一波三折，而父母的爱却永无衰竭！

第四节　让家庭充满爱心

让家庭充满爱心，用爱营造一种和睦的家庭氛围。

一对老夫妻准备乘船一起去旅游，度过他们的金婚纪念日。然而，就在他们怀着美好的期望，准备实现他们多年梦想的时候，船却发生了意外。他们乘坐的船因轮船底舱起火即将爆炸沉船。

船长看形势危急，毅然让乘客们穿上救生衣，跳至橡皮筏上逃生。命令一下达，乘客们立刻穿上救生衣，开始了各自的逃生之旅。这可难坏了这一对老夫妻。因为，就在他们旅行前，这位丈夫刚刚出院，体弱多病的他，根本不能往下跳，这一举动就是将他带向死亡。于是，他对老伴说："我有病在身跳不了船，你就不要管我了，赶快逃生吧。"

妻子说："我一个人逃就是活下来又有什么意思？我绝不能把你扔在船上，我要守着你，要死咱们一起死。"

丈夫说："这怎么行？这辈子你跟着我没享什么福，到了生死攸关的时候我不能再拖累你了。"

老伴沉默了一会儿，又抬起头，深情地说："没有你，我活着还有什么意思？跟着你，无论是死是活都是福。"于是，许多人纷纷跳了下去，唯有这对老夫妻手拉着手紧紧依偎在一起。就在这个时候，一架救生机缓缓地落在他们面前。他们相扶着用相互给予的爱支撑着彼此，奇迹般地生还。

事后，老头感激地说："如果没有老伴陪着我，我是无论如何也活不下来的，是老伴给了我坚持下去的动力。"因为有了爱，他们才有勇气面对即将来临的死亡，也正因为有了爱，他们才能穿越生死，最终到达幸福的彼岸。

爱是心与心的相连，爱是手与手的相牵。正因为人间有爱，我们才能走过漫长的岁月。心中有爱，人们才能够相互依偎，抵御风雨，拥有创造幸福的力量。相反，心中无爱的人，他们的心灵已经走入了坟墓。爱使我们的生命有了质的不同。

爱的秘诀在于给予和奉献，爱是人世间最真诚的给予，不分季节，没有年轮，是生命中最真诚的守候。真正的爱是给予，是奉献，这样才能为生活增添绚丽的色彩。

门德尔松是德国知名的作曲家，他的作品被世人广为传诵。他的祖父曾有一段美丽的爱情故事，却鲜为人知。

他的祖父是一位外貌极其平凡、五短身材的驼背人，但就是这样一个身体有缺陷的人却用爱赢得了幸福家园。

一天，门德尔松的祖父到汉堡去拜访一个商人。这个商人有个心爱的女儿叫弗西。她长得如花似玉，有着天使般的脸孔，他一眼就爱上了她，但却因自己外貌的畸形而遭到拒绝。但门德尔松的祖父不甘心就此离去，他鼓起了所有的勇气，上楼到弗西的房间，可让他十分沮丧的是，弗西始终拒绝正眼看他。

经过多次尝试性的沟通，他害羞地说："我听说，每个男孩出生之前，上帝便会告诉他，将来要娶的是哪一个女孩。你相信姻缘天注定吗?"

没想到弗西眼睛盯着地板答了一句："相信，但天注定也不会是你这样的驼背!"然后她得意地反问他："你相信吗?"

门德尔松的祖父回答："我出生的时候，上帝就告诉我了，你未来的新娘已经许配好了，她是个驼子。”

弗西听完忍不住大笑起来：“真有意思，一对驼背。”

可是门德尔松的祖父却不顾她的嘲弄，真诚地说：“我当时向上帝恳求：仁慈的上帝啊！一个女人驼背是多么的悲惨。求你把驼背赐给我，我愿意背负她的不幸，求您把天使一样的美貌留给我的新娘吧！”

弗西听完这些话后，沉默了。她看着他的眼睛，看见里面有一种至深至爱的东西，那不是她常见的纨绔子弟的浅薄的赞美。她深深地被感动了，与一个心甘情愿为我承担不幸，而让上帝将美貌给予我的人结合，婚后一定能幸福。于是，她把手伸向了他，成了他最挚爱的妻子。

真正的爱情就是愿意背负对方的不幸，愿意为对方承受任何苦难，爱的核心就在于给予和奉献。在爱的历程中，最真最美最让我们感动的往往是那些默默的关爱和给予。它是心与心的共鸣，爱与爱的默契。

在爱的世界里，无论彼此的出身如何，都必须首先为对方奉献出自己的爱。所以，美满的婚姻是看彼此为对方做了什么、做了多少，而不是看各自从对方手里获取了什么。能够真心奉献出爱心、关怀、宽容的人，往往会因为付出而得到更多的爱。

第三章
爱工作，让爱植根于岗位

工作是我们生活中最重要的内容，工作是我们生命的一部分，爱工作就是珍惜自己，爱工作就是爱我们的生活。让我们带着爱去工作，用感恩的心去工作，在工作中体会乐趣。这样才能让你在工作中获得更高的成就感和幸福感。

第一节　爱你的职业和工作

星巴克咖啡的创始人霍华德·舒尔茨，将自传命名为《将心注入》，他在书中写道：“如果你倾心投入于自己的工作，或者任何值得为之努力的事业，你就有可能实现在他人看来不可能实现的梦想。生活因此会变得很有意义。”

1. 敬业、精业的态度

爱你的职业和工作，就要将心注入，你自然会拥有敬业、精业的态度，工作会因此而变得业绩出众，继而成为团队中不可替代的一员。

1991 年，王文良从 50 多名竞聘者中脱颖而出，成为台湾顶新集团的推销员。他的任务是去北京各大餐馆推销食用油，上班第一天，王文良选择从西单到菜市口的线路，一家一家挨个上门推销，一次又一次遭受着餐馆老板的拒绝和旁人的白眼。

王文良对这段经历刻骨铭心："直到第 33 家餐馆，我才推销出第一桶油！我是个新手，我有过前 32 次被拒绝的失败记录，但是我心态很好，没有放弃。后来，我曾经一天进过 87 家馆子，去推销色拉油，为此我曾经发过誓，一辈子再也不想进餐馆！

成功对于其他行业来说，只是在别人不去努力时继续努力一把，但是对于我们搞销售的，是在别人不愿意起床时，你必须早早爬起来用十倍百倍的努力不停跟人打交道，坚持说下去。销售带给我最大的痛苦，是一次又一次粉碎你的自尊，让你与那些在智力和学历上不如你的人，站在同一条跑道上。你没有优势，但是你必须取胜！因为到发奖金的时候，别人拿三五千，而你这个北大毕业生不能只拿了 600 块钱！"

之后，王文良比别人付出更多：别人工作 1 小时，他工作 3 小时；别人跑一趟，他跑三趟；别人机械地干，王文良动脑子干，每天早晨打卡后，回家打 100 多通电话，进行电话推销，对有意向的饭店约好第二天拜访。这样，王文良两天的业务量就相当于其他业务员两个星期的工作量。在进入顶新集团9个月后，王文良被正式提为销售科长，工资比最初翻了一番。这正是他日后成为国内著名营销顾问的起点。

简单的东西往往是最难做的，但它们是成大事的基础，你必须得一丝不苟地做到熟能生巧的程度。被称为“经营之神”的台湾富商王永庆，最早开米店的时候，由于沙子太多，他就一粒一粒地将米沙分开，打出“我的米没有沙子”的招牌，这正是他发迹的开始。每个人的职业之路都是简单的，那就是用心做好分内事。

2. 用心做，普通员工就不普通

无论从事何种职业，干一行就要踏踏实实地在这一行干出成绩。不仅要站好每天一班岗，更要每天站出彩，站出成绩。

当一个人在心中有了责任感，就能自觉意识到自己所担负的责任。有了自觉承担责任的意识后，才会产生积极、圆满的工作效果。没有责任意识或者不能承担责任的员工，是不可能成为优秀的工作者的。

任何一项工作，都必须有一种精神力量和内在动力去推动。这种精神力量和内在动力，就是荣誉感、使命感和责任感，德国思想家马克斯·韦伯把它称之为“工具理性”。

在工作中，即使我们扮演的只是一个“螺丝钉”的角色，也要努力完成一个“螺丝钉”的职责。当真的承当起“螺丝钉”的职责，整个系统的运作才会有保障。当你是公司的普通职员，做好职员该做的就非常重要。人人都负责任完成自己该干的事，整个团队才能取得辉煌。

一位寺院的住持方丈，听见寺院里传来阵阵悠扬深沉的钟声，他忍不住询问道：“今天早晨敲钟的人是谁？”“报告方丈，是一个新来参学的小沙弥。”方丈将这个小沙弥叫过来，赞赏道：“我今天听到的钟声，是非常高贵响亮的声音，只有心正意诚的人，才会发出这种深沉博大的声音。”

小沙弥回答道：“其实我也没有刻意念着什么，只是平常听您教导说，敲钟的时候应该要想到钟即是佛，必须要虔诚、斋戒，敬钟如佛，只是这样而已。”7年后，小沙弥成为这个寺院的主持，接过了老方丈的衣钵。

俗话说“当一天和尚敲一天钟”，敲钟是一个和尚的日常工作。但看似简单又平常的敲钟，却能敲出不一样的声音，这完全取决于敲钟和尚的工作态度。小沙弥从童年起，一直记着方丈的指示，保持对敲钟的敬畏和崇敬之心。正因为具备这样的敬业态度，小沙弥最终承担起更大的责任，获得人生路上的成功。

3. 不浮躁，不折腾，踏实工作

香港著名才子黄霑说：“才华是压不住的，世界上没有怀才不遇。”许多自以为有才能的人，总会无形中把别人看低，在工作态度上很难做到谦逊平和，容易成为集体中最难合作的人。即便才能真的高人一等，在现代社会中不懂与人合作，也注定做不出成绩。

真正才智超群的人很少，那些自认为怀才不遇的人大多行事傲慢，很难在单位踏实工作，很容易对同事的话嗤之以鼻。即使上级耐心地跟他讲业务知识，他也会自以为是地觉得自己的观点才是最好的。

不浮躁，不折腾，干好工作才是成功的本钱。做不成比尔·盖茨或者李嘉诚，工作依然存在，工作依然有意义。现实的人，不会将理想和追求当饭吃。抱怨是无济于事的，抱怨什么都改变不了，只有踏实干好工作，才能有前途和希望。

著名足球运动员贝克汉姆说："球员生涯中我有很多低谷，1998年世界杯由于我的红牌被罚下，导致英格兰队输球被淘汰；一场比赛中脚趾被铲伤，差一点无缘参加世界杯；在俱乐部被打入替补，很久得不到上场机会；被新主教练排除在国家队名单之外……这些挫折都是工作赐予我的宝贵经历，让我成熟起来，让我心态平和，让我始终充满动力。我现在所要做的，就是享受每一次踢球的机会，做好工作，争取胜利。"

工作的平常心人人都需要，即使工作很简单、很单调，基础得没有任何技术含量。"平凡"的岗位最容易让人产生疲劳厌倦，随之而来的就是怠慢和轻视。你越是心灰意懒，就越觉得工作是食之无味、弃之可惜的鸡肋。企业效益出现滑坡的时候，裁员也常常是从最基层的岗位上开始。很多"螺丝钉"会有一种朝不保夕、岌岌可危的心理，工作上更加不踏实。一旦你进入了这个无法自拔的恶性循环，你就很可能遭遇危机。

作为组织的普通一员，要有一颗平常心，耐得住寂寞，守得住单调，用积极的心态去驱除种种负面心理。一个人对待工作的态度比工作本身更重要。态度决定一切。如果他总是把自己的工作看成奴隶在主人的皮鞭督促之下的劳动，如果他对工作没有热情，那么工作任务的完成将无比艰难。而良好的心态则可以帮助我们战胜自卑和恐惧，可以帮助我们克服惰性，可以发掘自己的潜能，提高工作的质量和效率。

在分工逐渐细化的今天，工作更没有平凡与伟大之分，离开平凡工作的支持，任何大事业都只能是纸上谈兵，只是缥缈虚无的空中楼阁。只有用平凡坚实的脚步向理想的目标迈进，平凡才能变为伟大。平凡不是平庸，平凡是工作岗位，平庸是工作态度。任何岗位都能出成果，出人才，出奇迹，关键看你怎么干。

怀有一颗平常心，把平凡的工作做好，积沙成塔，集腋成裘，不知不觉间你就在塑造“伟大”。企业与员工之间的关系就像一面镜子。你如何对待企业，企业就如何对待你。你乐观地工作，企业就会让你快乐；你为工作付出，企业会回报你更多。

第二节　爱你的公司

1. 创造功劳提升自己的价值

在老板眼中，有以下三种员工：

第一，拿多少钱干多少活。公司中有很多斤斤计较的员工，他们试图追求所谓的公平，觉得公司给自己多少工资，自己就应该干多少活。对于老板来讲，这类员工创造的价值全部都被拿回去了，没有给企业留下任何价值。对于这类员工，老板有可能会考虑是否暂时继续留用，但最终还是会请他们离开。

第二，干多少活拿多少钱。员工把钱的主动权放在自己手里，自己创造了多少价值就拿多少钱，拿钱的多少取决于自己创造的价值。毫无疑问，老板比较喜欢第二种员工。

第三，少干活多拿钱。少干活多拿钱的人只要被公司发现，必定马上被企业辞退。这类人是企业的蛀虫，挖走企业的资源，浪费企业的价值。

职业人士应当明白，自己取得的回报不取决于老板，而取决于自己创造的价值。老板们都是聪明的，能够为企业创造价值的员工，是不会被放弃和让他流失的。

人们做事时不要过分计较短期回报，而应该先努力把事情做好，之后就会有人认可，就会得到更多的机会和回报。如果员工能够“拿两千块的薪水，有一万块的贡献”，老板就赚了八千块，自然会很开心，会想办法将这种员工留住，升职、加薪就不会太远。由此可见，老板和员工总在博弈，而员工博弈的资本不是自己的口才，而是行动和结果，这就是提升和创造自我价值的方法。

对于职业人士来说，爱你的公司就是爱自己。

在2011年《福布斯》发布的中国上市企业CEO薪酬榜单中，联想集团总裁杨元庆以7872万元的年薪名列第一，成为了中国上市企业的第一个打工皇帝。这个榜单发布后，很多人都在羡慕杨元庆的年薪，却没有多少人去研究他背后的付出。

联想集团是杨元庆就职的第一家企业，也是第一份工作。1989年的联想集团还是一个很小的企业，看不到任何发展成为世界级PC集团的趋势。杨元庆进入联想集团一待就是二十多年，在这二十多年中，联想集团经历了巨大的成长、突破、发展、成功，杨元庆也经历了成长和成功。实际上，在这二十多年的发展史上，联想集团中一定有比杨元庆更优秀的人，也很可能有比杨元庆更努力的人，但最后成功的却只有他，这就在于他的坚持，一直在这里持续不断地生根、发芽，“剩者”为王。

创业不止包括自己做老板，还包括与企业共同成长。“十二五”规划期间的中国社会仍处于高速发展和转型的时期，会有很多新的机会，80、90后一定要抓住机会，搭上时代的顺风车，和企业共赢。

2. 摆正自己在公司中的位置

在公司里，有些人会居功自傲，用自己手中掌握的技能来威胁公司。若是真有这种想法，此人就很可能被公司厌弃。

戴尔·卡耐基说过：“一个人的成功，15%取决于个人技能，而85%取决于人际关系。人际关系和个人技能的关系就像机遇与才华的关系，如果没有机遇，即便有再高的才华也无从展示，就像一粒饱满的种子如果落到沙漠里面，就永远也不会发芽。但是如果遇到肥沃的土壤，就会很快生根发芽，长成参天大树。”

个人的成长离不开机遇和环境，是环境养育的结果，无论其能力有多高，贡献有多大，都不能凌驾于企业制度和企业文化之上。杰克·韦尔奇就曾多次明确表示：“即使工作成绩出色，但不认同公司的价值观，这样的人公司不会要。”

吴士宏，中国国内职业经理人的代表人物，在只有一张自考英语大专文凭的情况下，通过自己的努力，由一名小医院的护士，一步步走到了国际计算机行业的老大 IBM 公司中国经销渠道总经理的位置，甚为企业界人士所仰慕，被称为“打工皇后”。

她在 IBM 公司工作 13 年，取得了骄人的业绩，然后曾做过微软中国公司总经理，后加盟 TCL 任常务董事、副总裁兼信息产业集团总经理，同样有所作为。但是，她的个性张扬，不拘小节，与 TCL 谨小慎微的企业文化并不相融，最后，“打工皇后”也只能悄然离去。

洛克菲勒曾经说：“我不同情那些失去工作的人，他们总是为了一些没有任何意义的事情而把一份非常有前途的工作搞砸，他们的目光只能看到一米远的地方。”洛克菲勒说的“没有任何意义的事情”就是员工在工作中表现出来的游移不定、斤斤计较的浮躁心理。很多人并不是在用心做事，而是在盘算这些问题：这个公司某些地方是我实在不喜欢；这个公司的待遇太差；这个公司没有我发展的空间；我到其他的地方可能会有更好的前途……有了这些想法，就会成为消极心理的奴隶，离成功越来越远。

3. 任何时候，都以公司利益为重

美国新奥尔良市的考克斯有线电视公司有一位年轻的工程师布莱恩，他的工作地点是在郊区。有一天早上，布莱恩到一家器材行去购买木料。正当他等待切割木料的时候，无意中听到有人抱怨考克斯公司的服务差劲极了。那个人越说越起劲，结果有八九个店员都围过来听他讲。

布莱恩当时有好几种选择。其实他正在休假，他自己还有工作要

做，老婆又在等他回家。他大可以置若罔闻，只管自己的事。可是布莱恩却走上前去说道："先生，很抱歉，我听到了你对这些人说的话。我在考克斯公司工作。你愿不愿意给我一个机会改善这个状况？我向你保证，我们公司一定可以解决你的问题。"

那些人脸上的表情都非常惊讶。布莱恩当时并没有穿公司的制服，他走到公用电话旁，打了个电话回公司，公司立即派出修理人员到那位顾客家中去等他，帮他把问题解决，直到他心满意足。后来布莱恩还多做了一步，他回去上班后，还打了个电话给那位顾客，确定他对一切都满意。布莱恩事后受到了公司负责人的高度赞扬，并号召公司全体员工向布莱恩学习。

即使在非工作时间和身处公司以外，作为企业的一员，都应该在心底有一种替公司着想、维护公司利益的自觉性，这无疑是一种高境界的敬业，一种热爱公司的具体表现。

曾经，标准石油公司的宣传口号是"每桶4美元的标准石油"。有一个名叫阿奇伯特的员工，不论何时何地，凡是要求自己签名的文件，甚至书信或收据上，他都会在签完名字的下面，写上"每桶4美元的标准石油"。这样几年过去之后，所有的公司同事和客户，都习惯了用"每桶4美元"来称呼他了。

当时，身为公司董事长洛克菲勒无意中听说此事，马上请阿奇伯特吃了一顿饭。他问阿奇伯特为什么这样做，阿奇伯特说："这不是公司的宣传口号吗？每多写一次就可能多一个人知道。"洛克菲勒被这个雇员的真心诚意深深地感动了。自觉为公司做宣传，帮助公司树立良好的公众形象，这正是洛克菲勒梦寐以求的员工。

在以后的日子里，阿奇伯特更加忠于职守，一如既往地工作，而他的才干也越来越多地显露出来，赢得了洛克菲勒的赏识。最终，洛克菲勒退休之后，这个“每桶4美元”成为了继洛克菲勒之后标准石油公司的第二任董事长。

“以企业为重，企业才会以你为重。”这是拿破仑·希尔在每次演讲中都要反复强调的一句话。给组织忠心，组织就会给你利益、给你发展机会。

第三节　爱你的老板

上班族可能大多都经历过老板发火的情况，被老板训斥，心里一定不是滋味。一般来说，老板是不会轻易发火的。他能发火，一定也有他的苦衷。被老板训斥，如果员工觉得委屈，多半是因为你缺乏对老板的理解。

只要谈起老板的话题，我们常常能听到这样的话语：“我们的老板真抠门，一点不近人情。”“我们的老板什么也不会，还在那里瞎指挥。”“老板不过是在剥削我们，压榨我们的劳动成果。”“没有我们，他们不是还得喝西北风去，全指着我们给他挣钱呢！”等。

在我们的社会中，确实有不少抠门的老板。但是，这并不代表全部。老板也是正常人，他们未必有我们想象的那样不好，其实，他们也有苦楚。

就拿中国现在的老板来说，在企业创业初期，他们不但要承受巨大的政治风险和经营风险，还要忍受人们观念上的歧视。在企业步入正轨之后，还要为如何经营好企业呕心沥血。身为老板，就意味着将要付出比员工多十倍、甚至几十倍的精力去工作。还要时刻冒着巨大的风险，为公司的成败而担心。身为老板，不仅要为自己负责，还要为整个公司的员工负责。

有多少人知道，当你下班后和朋友一起潇洒玩乐的时候，你的老板也许还在为公司的前景发愁；在你工作出错的时候，你觉得受了一肚子委屈，所有的责任却要由老板来承担。账面又亏空了，资金周转不过来，如何打开国外市场，等等，所有这些困惑都是由老板来操心。很多人都认为当老板风光、自由，可是，当老板有多少无奈和痛苦，又有多少人能够理解呢？

平心而论，那些人人羡慕的老板，生活确实过得比我们普通员工要好一些。不过，老板却要承受很多普通员工想都想不到的压力。生意场上，人人想赢怕输。经商、经商、经常受伤；老板、老板、老板着脸；经理、经理、经常被人修理。商场如战场。所以，老板表面看上去风光，其实，内心却要承受你想象不到的痛苦。

想一想，老板们为员工创造了多少福利待遇。一年两次的加薪，遇到效益好的年份，还有年终奖，逢年过节的额外补贴，三险五险，住房、医疗补贴等。这些都是身为员工所能切身感受到的利益，也是生活的基本保障。所有的一切，都是受惠于老板的恩赐。这些与老板发火，和几句批评的话比起来，不是实惠得多吗？责备又算得了什么呢？话又说回来了，老板们的很多批评，都是想让你有更大的进步。

凡事多去理解一下别人，尤其是你的老板。他们同我们一样，也有着太多的烦恼与痛苦，还要承受比我们更大的压力。理解万岁！只有真心地去理解你的老板们，才不会因为一点小事觉得不公平、不厚道。造成你的困扰和烦心，影响了你的进步，也影响了你的健康。

世界顶尖潜能大师安东尼·罗宾说过：“并非大多数人命里注定不能成为爱因斯坦式的人物，任何一个平凡的人，只要发挥出足够的潜能，都可以成就一番惊天动地的伟业。”爱因斯坦成功的秘诀，并不在于他的大脑内部比起其他人有多么与众不同，用他自己的一句话总结就是：“在于超越平常人的进取精神以及为科学事业忘我牺牲的精神。”

大多数成功者，往往是那些无论身处怎样艰苦、不公平的环境中，都拥有强烈进取心的人。他们凭借奋进拼搏的精神，最大限度地开发了自己的潜能，将工作做得比其他人更加出色。

如果你爱你的老板，一定是你的老板有过人之处，所以，你才崇拜他。但是，我们不提倡盲目崇拜，崇拜的目的，就是要把崇拜转化成学习的动力，把你的老板当作学习的榜样。

然而，人无完人，每个人都有自己的不足，老板也不例外。如果你的老板有缺点，就要正确看待老板的不足。

习惯于看到别人的不足，似乎是人的本性。据说，普罗米修斯在创造了人的时候，又在每个人的脖子上挂了两只口袋，一只用来装别人的不足，一只用来装自己的不足。而且，装别人不足的袋子挂在脖子前，而装自己不足的袋子则挂在脖子后。因此，人们总是能够很快发现别人的不足，而对自己的不足视而不见。

问题是，人都是有优点的。不管他是谁，他总有让我们敬重之处，总有他的独到之处。不管他曾经做过什么，他总有我们自己望尘莫及的地方。特别是做出一些突出贡献的我们的老板，他们往往是我们崇拜的对象，但是对于一个人，不能盲目崇拜，要发现他的不足。发现一个人的不足，并不是强调别人的缺点，而是要发挥老板的优势，补足老板的不足之处，帮老板把企业经营好。

现实中，当你讨厌一个人时，就只会看到他的缺点，这是人性的盲点。我们总是抱怨某些人，很多时候不就是因为我们只看到了他们的缺点而没有看到他们身上的优点吗？

去动物园里看孔雀，如果我们用一种欣赏的眼光从前面看，会发现孔雀开屏非常美丽。但如果我们怀着恶作剧的心态从背面来看，则会发现孔雀开屏时是一只非常丑陋的大鸟。

看人其实也是如此。我们用正面欣赏的态度看，就会发现对方的很多优点；反之，就会发现他的很多缺点。到底应该看哪一面？当然是正面。如果非要追着“孔雀的屁股”去看，那就是我们的心态出现了问题！

自我其实就是一面镜子，当我们看到人性善的一面的时候，其实也照出了我们内心的善；当我们看到人性恶的一面的时候，其实也照出了我们自己内心阴暗的一面。

职场人士要善于发现老板的长处，处理好与老板人际关系，从而也会有更好的人生成就。反之，那些喜欢鸡蛋里挑骨头，总是寻找别人短处的人，则会处处与人为敌，时常让自己陷入尴尬的境地。最关键的是，当一个人总是看到他人的长处时，他就不会被对方的错误行为引爆自己的负面情绪，从而始终能够做出正确的决策和行动。

人与人之间的交往也是如此。当你总是看到对方的短处时，你就会为他的所有行为生气发火。但如果你总是看到对方的长处，你就会为他的行为鼓掌赞赏。显然，前者会引爆你的负面情绪，而后者会激发你的快乐情绪。

第四节　爱你的团队

1. 爱团队首先就要学会“服从”

服从是战士的天职。世界上所有的军队都强调绝对的服从。在新兵入伍的第一天，军官们就对战士们说：“命令就是命令，作为战士，你只需要服从命令，绝对不找借口地去执行。”没有绝对的服从和执行，就不叫军队；不知道服从的战士，就不配叫战士。

这个理念用在企业层面，员工的职责是服从与执行，而不是疑问或自作主张。干部就是干部，士兵就是士兵，员工服从决策与否比决策本身正确与否更为重要。

东北一家国有企业破产，被外资收购后，外方却什么都没有变，制度没变，人没变，机器设备没变。外方只是坚决地要求：把先前制定的制度坚定不移地执行下去。结果不到一年，虽然“人还是昨天的人，枪还是昨天的枪”，但企业居然就扭亏为盈了。企业的成功30%

靠战略，40%靠执行，执行要比战略更重要！

联想每年都要举办全国性的市场活动，每次都是几百个城市同时举行，足见其巨大的运作和控制能力。但就是以强大的执行力著称的联想，同样面对过执行不力的困惑。联想在1999年进行ERP（Enterprise Resource Planning，企业资源计划）改造时，业务部门不积极执行，使流程设计的优化根本无法深入。因此，在联想ERP的“遵义会议”上，面对联想所有的高层职员、各子公司的总经理，柳传志雷霆震怒道：“ERP必须做好，做不成，我会受很大影响，我会把李勤（副总裁）给干掉！”李勤当即站起来表态说：“做不好，我下台，不过下台前我先要把杨元庆和郭为干掉！”

这次会议后，杨元庆、郭为责无旁贷地在子公司推进ERP，各个子公司都成立了ERP领导小组。ERP由此进入快速通道，项目实施的五阶段——范围评估、目标确认、流程重设计、系统配置、测试交付，一关接一关地突破。在联想人的智慧指引下，在联想ERP长龙中各归其位。1999年12月，是联想有史以来业务的最高峰，仅北京的营业额就达19亿元。2000年初，王晓岩完成了联想的ERP改革。

从联想的ERP改革可以看出，服从正是不折不扣执行的起点。中层干部在企业里让员工树立起服从的观念，也是在企业里构建“执行”的起点。

2. 团队的事，就是我的事

自觉服从团队安排，维护团队利益，认真执行上级交代的任务，向团队证明你的价值，就能立于不败之地。

菁菁所在的公关部原有七人，2008 年企业状况不好，需要进行裁员。菁菁始终默默无闻，只管付出不问收获，一直没有好好地在老总面前表现自己，老总也一直以为她没有什么能耐。人事部提前一个月就给菁菁下了辞退通知，菁菁好像当头挨了一记闷棍，她半天也没回过神来。她怎么也没想到，自己两年多的努力不仅没有得到承认与尊重，反而得到的竟然是被裁的待遇，实在有点不甘心。

一天，一个和公司即将签约的大客户提出要到公司来看看后再签约的要求，一旦和这家大客户签下长期供货合同，至少半年内全公司衣食无忧。这家客户是一家大型合资企业，同来参观的人中有几个是日本人，并且还是这次签约的决策人物，这是公司没有想到的。

见面时，因双方语言沟通困难，场面显得有些尴尬，就在公司老总感到为难之际，菁菁不失时机地用熟练的日语同日本客人交谈起来，给老总救了场。菁菁陪同客人参观，相谈甚欢，她凭借自己良好的表达能力和沟通能力，丰富的谈判技巧和对业务的深入了解，终于顺利地签下了大单。

菁菁随机应变的表现，以及熟练的日语会话能力，让老总对她大加赞赏。她在老总的心目中的分量也悄悄发生了变化。一个月后，菁菁不仅没有被辞退，还暂时代任公关部经理。

企业的发展是靠员工的工作来支撑的，员工的工作能力与工作表现才是企业的安身立命之本。也许你正在做着跟菁菁一样普通平凡的工作，但是绝对不要整天抱怨“怀才不遇”的愤世嫉俗心理，而是要把心态放平和，多跟自己说“船到桥头自然直”，把本职工作做到位了，组织就会重视你的付出。

第五节　爱让公司和谐，建立爱的文化

很多企业并没有认识到善待员工的重要性，而是把更多的精力投入到改进产品或者服务上。企业通过改进产品或者服务固然可以在短时期内获得效益，但是，新的产品和服务很快就能够被复制，这样一来，原来的优势会迅速消失。

因此，企业想要持续获得高效益，首先要做的不是从产品或者服务上下功夫，而是先从员工身上做文章。也就是说，企业要从关注供应链转向关注需求链。简单地说，企业不能把主要精力放在产品、价格和供应上，企业想要获得利润，首先要提高员工的满意度。

很多事实都能够证明这个结论的正确性。20 世纪 90 年代末，一个重要的研究成果公开发表在 *The Employee – Customer – Profit Chain at Sears*（西尔斯公司的员工客户利润链）一文中。作者在文中描述，通过对 800 家西尔斯分店进行研究之后发现，如果员工态度增长 5%，顾客满意度能增长 1.3%，企业营业收入就能增长 0.5%。

更能证明这个结论正确的，当然是海底捞的成功。海底捞的成功就在于，它的经营者知道企业想要盈利，首先要有满意的员工，只有员工满意了，他们才能创造出优质的服务，而优质的服务会给企业带来利润。所以，一开始他们就把善待员工当作最重要的管理导向。

海底捞建立了爱的文化，而爱让公司更和谐。海底捞善待员工，首先体现在它为员工提供较高的工资和福利待遇上。

海底捞的员工的基本工资高于同行业平均水平。在海底捞的官网招聘一页，我们看到了它的服务员工资的基本水平。以上海为例，在上海门店工作的员工底薪是每月1900元，而上海的最低工资标准每月1600元，海底捞的这个底薪比最低标准高出接近20%，再加上奖金和工龄工资等，从总量上来看，其员工工资要比最低标准高出很多。而一般的餐饮店服务员的工资也就是比最低工资标准高出一点而已。

海底捞真正比同行出色很多的地方，是它系统有序的福利待遇。员工从入职海底捞开始，就能得到一套完善的福利待遇体系的保障，他可以体验到在很多大企业才能享受到的待遇。

海底捞员工的吃住都由店里负责，除了早、午、晚三餐之外，晚上九点之后还有夜宵，酸奶、面包一应俱全。按照海底捞的规定，必须给员工租住正式小区或者公寓中的两、三居室，而且距离店面步行不能超过20分钟。公寓里配有空调，有专人负责保洁、换洗被单和洗工服等。如果员工是夫妻的话，海底捞会给他们配备单间。

为了让员工更好地娱乐休闲，公寓里配有有线电视和上网电脑。海底捞还自办了海底捞大学，选送员工去那里培训学习。海底捞按照不同管理人员的等级，为领班以上的管理人员的父母发放几百元不等的工资，使员工的父母老有所养。另外，海底捞还在简阳建立了一所私营学校，海底捞的员工子女可以去免费上学。

海底捞员工可以享受到诸如婚假、产假、丧假以及探亲假等各种假期，并且公司会为员工提供各种相关补贴。除此之外，公司还会按照规定给员工个人办理各种保险。

海底捞的工资和福利待遇，对于那些生活在社会上层的人来说，也许根本算不上多好。但是，对于海底捞的员工——那些从农村来的打工者们来说，简直是不可想象的。这样的工资和待遇，带给他们的不仅是生活的一份保障，更让他们体会到了做人的尊严。海底捞员工受到公司的感动，因而产生了积极工作的激情。高昂的工作激情，是他们为顾客提供优质服务的保障。

在给予员工福利待遇方面，很多餐饮企业与海底捞相比，差距就不止是一个档次了。很多企业由于自身经营困难，能够按时给员工发放工资就不错了，更不要说提高员工的福利待遇了。还有的企业，把主要精力放在客户身上，而对于员工的投资则能省就省，即便是它给员工提供一些福利待遇，也只是为他们缴纳必要的保险，或者在节假日发放一些象征性的小礼品而已。这些企业在不能给予员工较高的福利待遇的情况下，采用开会动员员工、给员工设定工作目标、讲解工作的意义等方式激发他们的工作热情，使他们为顾客提供良好的服务。

结果事与愿违，员工不仅没有工作激情，反而在工作中更加懈怠。这是因为，根据马斯洛的人类需求理论，人只有满足最基本的需求之后，才能有更高的追求。员工在没有较好的生活保障的前提下，是不可能为了所谓的企业目标而积极奋斗的。因此，对于企业来说，要想使员工满意，使他们充满激情地工作，就必须根据自身的经营状况，提高员工的工资和福利待遇。

企业通过提高员工的福利待遇，可以体现它对员工的人情化关怀，有利于凝聚人心，增强员工的归属感，激发他们奋斗的动力和活力。提供较好福利的企业让员工感觉更富有人情味和温暖感，员工在感受到企业贴心的关怀和帮助之后而心情舒畅，他们在工作中自然就会尽心尽力为顾客服务。

使员工满意，把他们当成家里人，并不是单纯地提高福利待遇这样简单，更重要的是企业的管理者要从细节入手，以家人姿态关怀员工，为员工营造一个大家庭。

新员工进入海底捞首先要接受培训，因为工作内容简单，所以培训的内容并不复杂。但是，海底捞在培训员工的时候不仅会为员工培训工作内容，也会教给他们诸如怎么看地图，怎么用冲水马桶，怎么坐地铁，怎么过红绿灯，怎么使用银行卡等一些生活知识。

为什么要这么做？因为海底捞的员工多是来自农村、读书不多的年轻人。他们来北京打工，可能路不熟，可能遇到生活上的难题，所以海底捞作为他们的亲人，就要设身处地为他们解决这些难题。

海底捞的员工住的都是正规公寓或者小区住宅，里面有空调和暖气，每人的居住面积不小于6平方米。不仅如此，其宿舍必须步行20分钟之内可到工作地点。

为什么？因为北京的交通相当复杂，服务员工作时间一般很长，这些还都是大孩子的服务员们需要充足的休息时间。

在海底捞，诸如这样的例子实在太多了。海底捞用实际行动关怀它的每一个员工，让他们真实感受到海底捞就是他们的第二个家。试想，在这样的环境下工作，员工能不满意吗？

海底捞带给餐饮企业的启示就是，企业要提高员工的满意度，不仅要根据自己的实际情况改善员工的福利待遇，更要在一些细节上关怀他们。只有这样，员工才能把公司当成家，为“家”努力工作。

中篇

释放爱的正能量，爱能改变一切

爱是世界上最伟大的力量，爱能征服一切，爱能改变一切，爱让你拥有一切。有爱的地方充满着正能量，有爱的地方可以创造奇迹。把爱随身携带，让爱无时无刻地释放着正能量，使我们的生命散发着光芒。

第四章
爱使你勇于调整一切，更快获得成功

爱让你勇敢，爱让你充满动力与能量，爱让你战胜困难。爱是成功道路上不可或缺的一种精神力量。它就像一座核反应堆一样，无时无刻地催促你去挑战、去前进、去获得成功。

第一节　爱是世界最强大的力量

人，是生命与爱的产物，是父爱、母爱的最专一的表达对象，又是让每个生命爱自己、爱别人、爱这个社会、爱大自然的最好证明。

奋斗并争取美好幸福的生活，是对自己负责的爱；孝敬父母，是对伟大的父母报答的爱；帮助别人，尊重别人是对别人最关照的爱；从事一份工作，是对社会的爱；一个幽默、有趣、乐观、有活力、激情的人是对智慧、对生活的明智的爱。

当老师要有对学生、对学校、对教育事业崇高的爱；作为父母，对子女的关照和培养，是对子女博大的爱；当医生是对病人关切的爱，对全社会伤残疾病人员的爱，对医疗事业、社会大家庭的爱；一切的科学家都是对知识、对人类的发展无限追求的爱；文学家、思想家也都是充满了对人性、对自我感觉的深沉的爱；艺术家是对于自我以及自我心灵和喜好一种疯狂陶醉的爱；我们如果都怀揣着一颗对自己、对他人、对社会、对国家甚至对生命，对心灵，对万事万物无限热爱的心，那么这个世界就会充满灿烂和精彩的花朵，飘满幸福和欢乐的空气。

不管是哪种爱，都是那么惊心动魄、感动人心的，不管是何种方式的爱，都是在关切人的自身，不管是哪位教育家或是平凡的老师和父母们，他们无不是对孩子满怀爱和希望啊！

我们的教育，应该首先是爱的教育：爱的萌生、爱的付出、爱的给予、爱的传播、爱的分享、爱的呼唤，爱的交换、爱的升华、爱的继续和爱的永恒啊！

虽然自然灾害可以残忍地夺走鲜活的生命，可以无情地摧毁美丽的家园，但它永远无法熄灭人间永恒的真爱。因为真爱是世界上最伟大的力量——它强过一切罪恶与死亡。

第二节　爱让你更加接近成功

你要做的最大投资之一就是掌握让别人与你愉悦相处的艺术，二是与人相处的原则就是懂得如何去爱，要努力做到举止文雅，为人随和，宽宏大量。这种投资的价值要远远大于任何能以金钱衡量的货币资本。因为有了这种品质，所有的大门都会向你敞开。无论你走到哪里都会畅行无阻，大受欢迎。

许多年轻人在谈及自己的提升或是人生最初起步的成功时，都归功于自己乐于助人、亲切随和的性格。也就是说，在任何可能的情况下去帮助别人。这正是林肯最突出的品质之一。

他乐于助人，这使得他在任何场合中都能与别人打成一片。他在律师事务所的合伙人亨恩顿先生说："当林肯先生的住所住满了人的时候，他会把自己的床让给别人，然后，他自己就到店里的柜台上睡，卷一卷布当作枕头。"这种乐于助人、乐善好施的性格使得林肯备受人民的爱戴。

林肯的美好名声为什么不随着岁月的流逝而消失，反倒与日俱增，妇孺皆知呢？因为林肯的一生都保持着正直的品格，从来没有作贱过自己的人格，从来不糟蹋自己名誉。试问，在人类的历史上，有谁能像林肯那样精神不死、流芳百世呢？恐怕是极其罕见的。看来的确是印证了一句话"人的品格是世界上最伟大的一种力量"。

如果一个青年在刚踏入社会的时候，便决心把建立自己的品格作为以后事业的资本，做任何事情，都无悖于养成完美人格的要求，那么，即使他无法获得盛名与巨大利益，但终不至于失败。而人格堕落、丧失操守的人，却永远不能成就真正伟大的事业。

人格操守是事业上最可靠的资本，多数青年对于这一点缺乏认识。这些年轻人过分地注重技巧、权谋和诡计，却忽视对正直品格的培养。为什么有许多公司情愿以非常昂贵的代价，去用已死数十年或数百年的人的名字来作公司的名称呢？因为在那些已逝者的名字里面含有正直的品格，代表着信用，使消费者感到可靠。想想有些人的名字，其信用之稳固程度如同直布罗陀的岩石一样，坚固不移，这就可以明白人格的价值了。

有一些青年人明明知道这样的事实，但是他们仍然不将事业的基础建立在正直的品格上，反而建立在技巧、诡计和欺骗上，难道不令人感到奇怪吗？

公道、正直与诚实是成功所包含的要素。而此种美德，林肯无一不具备，倘若缺乏这种种美德，哪能使他做出轰轰烈烈的事业来？

每一个人应该感到，在自己的体内有一种“富贵不能淫、威武不能屈”的力量。这种极其宝贵的力量就是一个人的品格，而人应不惜生命来保持他正直的品格。大凡历史上真正的伟大人物是不会因金钱、权势、地位等种种诱惑而出卖人格的。

林肯做律师时，有人找林肯为一件诉讼中明显理亏的一方作辩护，林肯回答说：“我不能做。如果我这样做了，那么出庭陈词时，我将不知不觉地高声说：‘林肯，你是个说谎者，你是个说谎者。’”

当一个人过着一种虚伪的生活，戴着假面具，做着不正当的职业时，他将受到自己内心的嘲笑，甚至会鄙弃自己。他的良心必将不停地拷问他的灵魂：“你是一个欺骗者，你不是一个正直的人。”这种生活会败坏人的品格，削弱人的力量，直至彻底葬送人的自尊和自信。无论有多大的利益，多么难以抵制的引诱，千万不可出卖人格。如果一个人过分地追逐名利，将会败坏他的才能，毁灭他的品格，使他做出违背良心的事情来。

无论你从事何种职业，你不但要在自己的职业中做出成绩来，还要在自己做事的过程中建立自己高尚的品格。在你做一个律师、一名医生、一个商人、一个职员、一个农夫、一个议员，或者一个政治家时，你都不要忘记：你是在做一个“人”，要做一个具有正直品格的人。这样，你的职业生涯和生活才能有重大的意义。

有的人为什么大受欢迎，那是因为他具有优秀的品格作为向导。优雅的举止，随和的个性，宽宏大量，都使得他在人群中如鱼得水。我想说的是，如果你懂得爱，学会爱，就要努力地培养你的品质，这样，你所有的梦将不再那么遥远了！

第三节　爱让你的付出变得有意义

维克多·弗兰克是意义治疗法的创立者。第二次世界大战期间，他曾被关进奥斯维辛集中营，受尽非人的折磨，九死一生，最后侥幸地活了下来。在《活出意义来》这本小书中，他回顾了当时的经历。作为一名心理学家，他并非像一般受难者那样流于控诉纳粹的暴行，而是细致地捕捉和分析自己的内心体验以及其他受难者的心理现象。当然，这本书还有一个出彩的地方，那就是读者对苦难的哲学思考。

对意义的寻求是人的最基本的需要。当这种需要找不到明确的指向时，人就会感到精神空虚，弗兰克称它为“存在的空虚”。同样，当这种需要有明确的指向却不可能实现时，人就会有受挫之感，弗兰克称它为“存在的挫折”。这种情形发生在人生的各种逆境或困境之中。

弗兰克此书的重要性在于他肯定了苦难本身在人生中的意义。他指出，即使处在最恶劣的境遇中，人仍然拥有一种不可剥夺的精神自由，即可以选择承受苦难的方式。一个人不放弃他的这种“最后的内在自由”，以尊严的方式承受苦难，这种方式本身就是“一项实实在在的内在成就”，因为它所显示的不只是一种个人品质，而且是整个人性的高贵和尊严，证明了这种尊严比任何苦难更有力，是世间任何力量都不能将它剥夺的。

当然，我们并无意颂扬苦难。如果允许选择，我们宁要安静的生活，得以自由自在地创造和享受。但是，诚如弗兰克的见解，苦难的确是人生的必含内容，一旦遭遇，它也的确提供了一种机会。人性的某些特质，唯有借此机会才能得到考验和提高。一个人通过承受苦难而获得的精神价值是一笔特殊的财富，由于它来之不易，就绝不会轻易丧失。而且我们相信，当他带着这笔财富继续生活时，他的创造和体验都会有一种更加深刻的底蕴。

师父拿出一个苦瓜，对弟子们说：“随身带着这个苦瓜，记得把它浸泡在每一条你们经过的圣河，并且把它带进你们所朝拜的圣殿，放在圣桌上供养，并朝拜它。”

弟子朝圣走过许多圣河圣殿，并依照师父的教言去做。回来以后，他们把苦瓜交给师父，师父叫他们把苦瓜煮熟，当作晚餐。

晚餐的时候，师父吃了一口，然后语重心长地说：“奇怪呀！泡过这么多圣水，进过这么多圣殿，这苦瓜竟然没有变甜。”

弟子听了，好几位立刻开悟了。

苦瓜的本质是苦的，不会因圣水圣殿而改变；生命本质也是苦的，这一点即使是修行者也不可能改变，何况是我们凡夫俗子。苦，这一个层次是永不会变的。正如人生，苦难也是随处可见，不可逾越的。

为了使我们的生活不显得空虚，为了让我们的生活多一些光彩，我们需要经历一些苦难。正如作家刘墉所说："让我们一起寻找一个苦难的天堂。"因为苦难对每个人来说，都是一笔财富。

有时候，在我们的生命中需要奋斗乃至挣扎。如果生命中没有障碍，我们就会很脆弱，我们就不会像现在这样强健，我们也将永远不能飞翔。

所以，苦难、困境是上天赐予我们的厚礼。我们只能去好好珍惜，毫无畏惧地生活，直面所有的障碍和苦痛，并且要充满信心且乐观地生活下去。直到有一天，我们真的具备了这些素质，我们就已经迈向了成功的殿堂。

人生是要活出自己的意义来的，那么什么样的人生才会有自己的意义呢？当我们用爱心温暖世界时，我们的人生便有了自己的价值，当我们面对苦难与不幸而坚强地活着时，我们的人生便有了自己的价值。

其实，只要我们怀着对生活的爱，执着而勇敢地活着，并为了我们所追求的目标而努力时，我们的人生便会活得有意义。努力，努力，付出会让你的人生变得更加精彩耀眼！

第四节　爱让你克服一切困难

人生必须渡过逆流才能走向更高的层次，苦难使人成长，催人奋进，是人生的必经之路，爱让你克服一切困难。如果能够在逆境中完善自己的内在素质，磨炼自己的坚忍意志，提升自己应对困难的能力，那么困苦对人并非就是一件坏事。因为只有在苦难中人们才能汲取教训，丰富自己的阅历。

有个农夫，他的一头驴子不小心掉进了一口枯井，农夫绞尽脑汁想救出驴子。但几个小时过去了，就是没有办法。最后，这位农夫决定放弃，他想这头驴子年纪大了，不值得大费周章把它救出来。不过无论如何，这口井还是得填起来。于是农夫便找来左邻右舍，帮忙一起将井中的驴子埋了，以免除它的痛苦。

邻居们人手一把铲子，开始往井中铲泥土。泥土落到身上，驴子感到恐惧，哭得很凄惨。但出人意料的是，一会儿之后它就安静下来了。人们好奇地探头往井底一看，出现在眼前的景象令他们大吃一惊：当泥土落在驴子的背上时，驴子迅速地将泥土抖落在一旁，然后站到抖落下来的泥土堆上面！

就这样，驴子将大家倒在它身上的泥土全数抖落在井底，然后再站上去。很快，它便得意地上升到井口，然后在众人惊讶的表情中快步地跑开了！

就如驴子的情况一样，在生命的旅程中，有时候我们难免会陷入“枯井”里，会被各式各样的“泥沙”倾倒在我们身上，而想要从这些“枯井”中脱困的秘诀就是：用对生命热爱的力量，将“泥沙”抖落掉，然后将它踩到脚底下！

生活中，也会有许许多多的“泥沙”压到我们身上，如果我们不懂得及时把它们抖落掉，而一味地承受，最终就会因不堪重负而倒下。

放下许多本不属于自己的东西，抛开一切外物的干扰，把沉重的功利包袱踩在脚下，提升内在精神境界，也许你看到的是另外一片天空。所有伟大的成功人物，他们的一生都不是一帆风顺。恰恰相反，正是各种各样的困苦艰难激发了他们的战斗意志，促使他们走出了更辉煌的人生。

有一位退休的老船长，喜欢跟人讲述他一生的航海历程。在他种种多彩多姿的奇遇中，最引人入胜的，就是与狂风暴雨搏斗的惊险遭遇。

有人问老船长："如果你的船正在行驶，而前方的海面上，有一个巨大的暴风圈正迎向你的船而来。请问，以你的经验，你该如何处置呢？"

老船长微笑着反问道："如果是你，你又该如何处置呢？"前者想了想，回答道："返航，将船头掉转一百八十度，远离暴风圈，这会是避免危险的最安全方法吧？"

老船长摇摇头道："不行，如果你掉头回航，暴风圈还是会赶上你的船。你这么做，反而将你的船跟暴风圈接触的时间，延长了许多，这会让你更加危险。"

另外有人问："那如果将船头向左或向右转九十度，试着脱离暴风圈的威胁呢？"老船长仍是摇摇头，微笑道："还是不行，如果这样做，船身的整个侧面就会暴露在暴风雨的肆虐之下，它与暴风圈接触的面积也就变大了，结果会更加危险。"

众人不解道："如果这些方法都不行，那究竟该怎么做才最明智？"老船长用力地挥了一下手说："只有一个方法，那就是抓稳你的舵轮，让你的船头不偏不倚地迎向暴风圈。唯有这样做，才可以将船与暴风圈接触的面积化为最小；同时，因为你的船与暴风圈彼此的相对加速度组合在一起，还可以减少与暴风圈接触的时间。迎头而上你就会发现，你很快就能冲过暴风圈，迎接另一片充满阳光的蔚蓝晴天了。”

众人听到这里，一阵沉寂之后，不禁为老船长睿智的应变能力所折服。其实生活中也一样，遭遇困境时，最有效的解决态度就是如同老船长所说的：“迎上前去”。勇敢地面对困难，在困境中搏斗，不仅可以减少与问题纠缠的时间，更能够将力量集中于一个焦点，一举突破逆境的缠绕。

每个人的生活中都会遇到各种各样的困难和挫折，而且，任何人都无法逃避。只有勇敢地与之抗争，我们才可能在最短的时间内摆脱它们。也许茫茫人海中，你还未曾找到你的真爱；也许，你正经历失业的痛苦；也许，你的事业正处于一个转折期。不要畏惧，更不要退缩，因为这一切都是我们要获得最终幸福的一个必经过程。而且，从另一种角度讲，人生是需要不断丰富的。唯有阅尽世间沧桑，我们才会觉得不虚度此生。只有认识到困苦是每个人的必修课，我们才能够以更加积极的心态迎上前去，在困境中突破自己，超越自我，拥有更辉煌的未来。

第五节　爱让你散发出多彩的光芒

也许你只付出一点点微不足道的爱，就可以改变一个人的一生。星星之火，可以燎原，而且星星之火，也可以照亮整个生命，也许就是一个不起眼的瞬间，奇迹就会发生。

那是在一本书上读到的一则故事：一个少年在企图行窃时，被躺在床上的一位女孩发现了。女孩并没有报警，而是装作不知道他是小偷，热情地邀请他与自己聊天，他们聊得很开心。

少年临走前，女孩用自己的小提琴为他拉了一首曲子，然后又把琴送给了少年。后来，少年再去找女孩时，女孩因患骨癌已离开人世，在她青色的墓碑上镌刻着"因为不忽视生活中每个转瞬即逝的善念，所以我快乐"。少年从此变了样，他在贫困和苦难中重拾自尊。心中燃起了走出逆境的熊熊烈焰。

最终昔日的少年成才了，在世界一流的悉尼大剧院，他深情地拉起了悠扬的曲调——献给那位女孩。这个故事让我明白：人世间，其实不应该放过每一个能够帮助别人的机会，也许你早已忘记，但那火光，却可以温暖一个个冷漠的心灵。

小女孩善待少年，是为了体面地维护他的尊严。她也许永远不会意识到，她的宽容、爱心和善良，震慑了一个迷途少年的心，让他重新树立了信念，扬起生活的风帆。

一次友善的交谈，一首优美的曲子，就这样改变了人的一生！其实温和与爱心，在生活中无时不有，无处不在。

爱是什么呢？爱是天空，包含天地间的万物；爱是氧气，孕育新的生命；爱是阳光，是雨露，照耀滋润美德的生成。

请奉献你的爱，那是人与人和谐相处的润滑剂，是心与心沟通的桥梁，也是一种财富的储蓄。它让你和你身边的人感情更纯真，也让这个世界，让我们的生活更加美好，因为爱让你散发出多彩的光芒。

第五章
爱让生命平衡运转，创造奇迹

健康与爱有关系吗？据国外的心理学的一些研究资料显示，充满爱心的人比一般人更加长寿。爱虽不是药，更多时候却能显现出比药更加神奇有效的作用，甚至爱能创造奇迹。生命因为有爱而更加美好。

第一节　爱能创造奇迹

爱能创造奇迹，在绝境中挖掘机会。蝴蝶所谓的作茧自缚换来的是五彩绚烂的美丽，雏鹰摔落悬崖的惊险得到的是征服苍穹的翅膀。置之死地，一旦能重生，那将是一次境界的飞升。

天将降大任于斯人，单是劳其心志，伤其筋骨恐怕还不够，真正的伟人都是在历经惊涛骇浪洗礼，炎凉乱世磨炼，在绝境中大彻大悟后，才会叱咤风云，纵横天下。从绝境中重生，就如同凤凰涅槃，幻化出更绚烂的美丽。

大多数人的一生中总会遇到一次甚至多次的绝境，所以，遇到绝境并不可怕，可怕的是遇到绝境而又没有战斗的意志。

如果你认为你一生中不会陷入绝境，那么只能证明你正在走向绝境的路上。如果你已经陷入了绝境，那么就证明你已经得到了上天的垂爱，将获得一次改变命运的机会。如果你已经走出了绝境，回首再看看，你会说你从未发现过，自己要比自己想象的要伟大，要坚强，要聪明。

如果你已经成功了，你要由衷感谢的不是你的顺境，而是你的绝境。在绝境中寻觅求生的机会，在负重时抓住解脱的绳索，在痛苦中挖掘幸福的感觉，在繁忙中体会休闲的乐趣。这是一种选择，是一种本能，更是一种境界。把握住它，你就找到了拼搏的动力，找到了成功的阶梯，找到了生命的意义！

生活总是要直面绝境的挑衅。活着就得和人生角斗，成功的意义就在于从绝境中寻找机会，在于绝境向希望的逆转。

身处绝境，能够拯救自己的恰恰就只有自己。曾经有过一位令人无限钦佩的美国登山爱好者，他在独自攀登勃朗峰时右手被落石压住，面对绝境，他毅然将右手砍去下山寻求救援。

陷入绝境时，等待并不是最好的选择，因为人们往往会在被绝境消磨殆尽残存的意志后，坐以待毙。所以，我们要学会在绝境时依靠自己，自己去寻找希望。

有人说绝境的可怕是它腐蚀了希望，曾经历历分明的希望在绝境散发的阴影中变得影影绰绰。然而，指引我们从困苦中走出的动力，恰恰是源于那些似乎是山重水复的绝境中的。

罗曼·罗兰说："我要敢于正视痛苦、尊敬痛苦！欢乐固然值得赞颂，痛苦亦何尝不值得赞颂！它们是锻炼人类开展伟大的心魄。"这句话的意思是说，绝境是激发希望的原动力。

1914年12月，大发明家托马斯·爱迪生的实验室在一场大火中化为灰烬，损失超过200万美金。那个晚上，爱迪生一生的心血成果在无情的大火中付之一炬。

大火最凶猛的时候，爱迪生24岁的儿子查理斯在浓烟和废墟中发疯似的找寻他的父亲。他最终找到了。爱迪生正平静地看着火势，他的脸在火光摇曳中闪烁，他的白发在寒风中飘动着。

"我真为他难过。"查理斯后来写到，"他都67岁了，不再年轻了，可眼下这一切都付诸东流了。"爱迪生看到儿子就嚷道："查理斯，你母亲去哪里了？去，快去把她找来，她这辈子恐怕再也看不到这样的场面了。"

第二天早上，爱迪生看着废墟说道："灾难自有它的价值，瞧，这不，我们以前所有谬误过失都给大火烧得一干二净，感谢上帝，这下我们又可以重新开始了。"

灾难并未毁掉爱迪生的一切，却让他在灾难中总结自己的不足与缺陷。他在绝境中保持乐观，并重新找寻机会，弥补损失的一切，努力在绝境中重新站起来。正是在这种奋斗不息的精神下，火灾过去三个星期后，他就开始着手推出第一部留声机。

人生的精髓就在于对生命的热爱，以及在绝境中的战斗。面对绝境时永不言弃，这就是人类不屈的伟大精神。更重要的是，绝境创造了希望，是它将我们指引到更高的成就，也是它将我们历练成人生真正的角斗士！

在绝境中寻找出口，必须要始终坚信希望的所在。如果走在沙漠里，就告诉自己前方有一片绿洲；如果处于黑暗中，就告诉自己前方有一座灯塔；如果正饥寒交迫，那么，请告诉自己，前方一定有一缕炊烟。

生活原本就是一个时常会冷场的玩笑，没有人可以一直微笑。只是，有的人哭过又笑了，有的人哭后就再也笑不起来。我们需要坚定一种信念："只要星星还在天空闪烁，我们就不必害怕生活的坎坷。"

第二节　爱能唤醒一切

植物人，是与植物生存状态相似的特殊的人体状态。除保留一些本能性的神经反射和进行物质及能量的代谢能力外，认知能力（包括对自己存在的认知力）已完全丧失，无任何主动活动。

植物人的脑干仍具有功能，向其体内输送营养时，还能消化与吸收，并可利用这些能量维持身体的代谢，包括呼吸、心跳、血压等。对外界刺激也能产生一些本能的反射，如咳嗽、喷嚏、打哈欠等。但机体已没有意识、知觉、思维等人类特有的高级神经活动。

植物人是一个医学难题，然而，通过家人的爱的呼唤，能唤醒植物人。可见，爱的力量是巨大的，能唤醒一切。

洪长财，是乐平市涌山镇人。2009年10月22日15时左右，洪长财所骑的摩托车与一辆农用车发生了激烈碰撞，受伤倒地的洪长财浑身是血。正当人们都认为洪长财已经死亡时，随后赶到的乐平市交警大队涌山中队的吴星，发现洪长财尚有微弱呼吸。便迅速将其送到了附近的乐平矿务局沿沟医院抢救。之后，因为伤情严重，洪长财又先后被转送到景德镇与南昌的多家医院。最终，洪长财被医护人员从死神身边拉了回来，但因脑部受伤严重，洪长财不幸变成了植物人。

2009 年 12 月 11 日，在外医治已久的洪长财，被家人送到了乐平市大连综合医院。刚到医院时，洪长财没有任何知觉，只是眼睛会上下翻动。大连综合医院脑外科的余医生介绍，面对这一医学难题，院方想到了利用中医和亲情结合的治疗方法。

于是，医护人员安排了洪长财两岁的女儿每天不定时趴在父亲的身边一边亲吻洪长财的脸颊一边不停地叫爸爸。半个月后，面对女儿的深情呼唤，洪长财突然“喔、啊”了两声，并开始下意识地抚摩女儿的小手。2009 年 12 月底，在女儿的持续呼唤及家人和医护人员的关爱下，已失去知觉两个多月的洪长财终于完全清醒。

洪长财说，自己平时就很喜欢女儿，之前处在昏迷状态下也依然感觉到了女儿的呼唤，内心十分割舍不下女儿与家人。

无独有偶，知名演员佟大为也有类似的经历。

据悉，在佟大为 6 岁那年，当警察的父亲在执行公务时，因车祸成了植物人。爸爸出事之后，佟大为和姐姐从小就要学会独立。成名后，佟大为得知“爱和亲情的力量可以唤醒植物人残存的记忆，让他的思维在沉睡中复苏”的方法，于是，他每天都给家里打电话，让母亲把听筒放到父亲耳边，诉说自己的喜好和忧愁；还常给父亲写信，让母亲念给父亲听；回家的次数也很频繁……直到2006年10月，佟大为的父亲终于苏醒。

对于植物人而言，亲情与爱心就是最好的良药，面对意外伤害，家人爱的呼唤成了他们生命里的一个天使。

第三节　生命因为爱更有价值

生命的意义就是活着，生命的价值来源于爱。爱是很了不起的东西。在你孤独的时候，爱能温暖你的心，就像寒冷冬天里的太阳。一个小小的动作里可以充满爱，一句不经意的话也许就能挽救一个生命。

生命的价值在于帮助需要帮助的人，在于享受快乐，在于给予爱。虽然不能带走什么，但在活着的时候做了一些事，一些温暖别人温暖自己的事。生命的价值因为爱而存在。

古人曰："勿以善小而不为，勿以恶小而为之。"每天做一件善事，别人都会看在眼里，总有一天命运会把机会留给你。

有这样一个人，他父亲是位大庄园主。七岁之前，他过着钟鸣鼎食的生活。20世纪60年代，他所生活的那个岛国，突然掀起一场革命，他失去了一切。当家人带着他在美国的迈阿密登陆时，全家所有的家当，是他父亲口袋里的一叠已被宣布废止流通的纸币。

为了能在异国他乡生存下来，从十五岁起，他就跟随父亲打工。

每次出门前，父亲都这样告诫他：只要有人答应教你英语，并给一顿饭吃，你就留在那儿给人家干活。

他的第一份工作是在海边小饭馆里做服务生。由于他勤快、好学，且不取报酬，很快得到老板的赏识。为了能让他学好英语，老板甚至把他带到家里，让他和他的孩子们一起玩耍。

一天，老板告诉他，给饭店供货的食品公司招收营销人员，假如乐意的话，他愿意帮助引荐。于是，他获得了第二份工作，在一家食品公司做推销员兼货车司机。

临去上班时，父亲告诉他："我们祖上有一遗训，叫'日行一善'。在家乡时，父辈们之所以成就了那么大的家业，都得益于这四个字。现在你到外面去闯荡了，最好能记着。"

也许就是因为那四个字吧！当他开着货车把燕麦片送到大街小巷的夫妻店时，他总是做一些力所能及的善事，比如帮店主把一封信带到另一个城市；让放学的孩子顺便搭一下他的车。就这样，他乐呵呵地干了四年。

第五年，他接到总部的一份通知，要他去墨西哥，统管拉丁美洲的营销业务，理由据说是这样的：该职员在过去的四年中，个人的推销量占佛罗里达州总销售量的百分之四十，应予重用。

后来的事，似乎有点儿顺理成章了。他打开拉丁美洲的市场后，又被派到加拿大和亚太地区。1999 年，被调回了美国总部，任首席执行官，年薪 740 万美元。

就在他被美国猎头公司列入可口可乐、高露洁等世界性大公司首席执行官的候选人时，美国总统布什在竞选连任成功后宣布，提名卡罗斯·古铁雷斯出任下一届政府的商务部部长。这正是他的名字。

现在，卡罗斯·古铁雷斯这个名字已成为“美国梦”的代名词，然而，世人很少知道古铁雷斯成功背后的故事。

《华盛顿邮报》的一位记者去采访古铁雷斯，就个人命运让他谈点儿看法。古铁雷斯说了这么一句话：“一个人的命运，并不一定只取决于某一次大的行动，我认为，更多的时候，取决于他在日常生活中的一些小小的善举。”

永远保持一颗善良的心，每天做一件善事，让善良成为我们生活中的一种习惯，幸运之神会眷顾那些善良的人们。

衣食住行撑起生活，希望撑着生命。生命的意义就是活着，说是活着，好像很容易的事，但是实行起来还是有很多困难。现在的社会，不勤劳就很难有饭吃。尊严是靠劳动得到的，人与人之间既独立又依靠。很多时候人们的努力就是为了得到尊重，这样才感觉得到生命的意义。

生命，高贵而又脆弱的东西，我们得学会去呵护它，不要让它轻易地受到伤害。生命里有起伏跌宕的经历那才完美，一生都过得很平坦顺利，我敢说这样的生命是很苍白的，它没有尝过酸甜苦辣，不知道人间的冷暖。

很喜欢史玉柱这个人，因为他的经历是无法复制的。从巨人大厦的辉煌一夜之间成著名的失败者，再到盛大的崛起，他可以说是把人间顶级的滋味都尝了个遍。

生命要有顽强的精神，就算是失败了也没什么可怕，摔倒了爬起来，抖抖身上的灰尘重新上阵。如果觉得实在是过不了的坎，就换个角度思考吧，我们生来的时候就不带什么东西，现在只是把人生中的一种可能给走了一遍，一切从头再来又有何不可。再说了，失败了不是又学到了怎么保护自己吗，所以没必要气馁。多一点人生经历，生命才能更彰显它的顽强可贵。

第四节　爱要学会正面自我暗示

我们多数人的生活境遇，既不是一无所有，一切糟糕，也不是什么都好，事事如意。这种一般的境遇相当于“半杯咖啡”。当你面对这“半杯咖啡”的时候，心里会产生什么念头?

面对这“半杯咖啡”，人们通常会表现出两种截然不同的情绪：消极的与积极的。消极的自我暗示是因为少了半杯而不高兴，以至于情绪消沉；而积极的自我暗示是庆幸自己已经获得了半杯咖啡，觉得自己应该好好享用，因而情绪振作，行动积极。

卡耐基指出，潜意识就是已经习惯成自然，不用有意控制的心理活动。根据大自然的构造，人类完全能够控制经由各种感觉器官进入潜意识的各种信息刺激和物质力量。

但是，这并不等于人们能够随时随地地运用自己的控制力，事实上在绝大多数情况下，许多人并不能运用这种控制力。而如果人们都能使用它，相信没有不成功的人。

一位心理学家想知道心态对行为会产生什么样的影响，就做了如下的实验。

首先，他让十个人穿过一间黑暗的房子，在他的引导下，这十个人都成功地穿了过去。然后，心理学家打开房内的一盏灯，在昏黄的灯光下，这些人看清了房子内的一切，都惊出一身冷汗。原来，这间房子的地面是一个大水池，水池里有十几条鳄鱼，水池上方搭着一座窄窄的小木桥，刚才他们就是从小木桥上走过去的。心理学家问："现在，你们当中还有谁愿意再次穿过这间房子呢?"没有人回答。

过了很久，有三个人站了出来，其中一个小心翼翼地过去，速度比第一次慢了许多倍；另一个颤巍巍地踏上小木桥，走到一半时，竟趴在小桥上爬了过去；第三个刚走几步就一下子趴下了，再也不敢向前移动半步。

心理学家又打开房内的另外九盏灯，灯光把房间照得如同白昼。这时，人们看见小木桥下方装有一张安全网，由于网线颜色极浅，他们刚才根本没有看见。"你们谁愿意现在通过这座小桥呢?"心理学家又问道。这次又有五个人站了出来。"你们为何不愿意呢?"心理学家问剩下的两个人。"这张安全网牢固吗?"这两个人异口同声地反问道。

其实，很多时候，人生的成功就像通过这座小木桥，失败的原因不是因为力量薄弱、智能低下，而是对周围环境的恐惧——我们先认定了自己无法克服困境。

有个叫理查·派迪的赛车运动员，当他第一天赛完车后，抑制不住兴奋地向母亲报告了比赛的结果。

“妈妈，妈妈，”他冲进家门叫道，“有35辆赛车参加了比赛，我得了第二名。”

“你输了！查理。”他母亲回答道。

“妈妈，”理查抗议道，“有这么多的车参加比赛，我第一次跑就得了第二，这样的成绩难道不算很好吗？”

“理查！”母亲严厉道，“你用不着跑在任何人后面！”

接下来的20年中，理查·派迪称霸赛车界。他成为赛车运动史上赢得金牌最多的赛车手，他创造的多项纪录至今还无人打破。

如果你渴望更大的成功，那么就应该相信自己。相信自己就是独一无二的，没有什么高不可攀，没有什么不可超越。无数事实都说明，你确立的目标越高，你最后的收获就越大。

我们应该时时拿理查母亲的话来暗示自己：用不着跑在任何人的后面！相信自己，给自己一个惊喜，我一定能做到！

非洲的一个部落酋长有三个女儿，前两个女儿既聪明又漂亮，都是被人用九头牛作聘礼娶走的。

在当地，这是最高规格的聘礼了。第三个女儿到了出嫁的时候，却一直没有人肯出九头牛来娶，原因是她非但不漂亮，还很懒惰。

后来一个远方来的游客听说了这件事，就对酋长说：“我愿意用九头牛来换你的女儿。”酋长非常高兴，真的把女儿嫁给了外乡人。

过了几年，酋长去看自己远嫁他乡的三女儿。没想到，女儿变成了一个气质超俗的漂亮女人，而且能亲自下厨做美味佳肴来款待他。

酋长很震惊，偷偷地问女婿：“难道你是巫师吗？你是怎么把她调教成这样的？”

女婿说：“我没有调教她，我只是始终坚信你的女儿值九头牛，所以她就一直按照九头牛的标准来做了，就这么简单。”

正面的刺激可以很好地激发一个人的正面情绪。事实上，人是十分情绪化的动物，人的一生主要受情绪的影响，善于控制自己的情绪，不要让消极的暗示力量占主导地位，这关系到一个人的人生走向。当遭遇困难和打击时，我们应该对自己说：我很坚强，我不会倒下。这样的心理暗示力量必将为你增添战胜困难的勇气和信心。

在华沙，一群儿童在嬉戏。一个吉卜赛女巫托起一位小姑娘的手，仔细看了看说：“你将会世界闻名！”预言应验了，这小姑娘就是后来的居里夫人。

一位工人下班后被锁在“冷库”里，第二天被人们发现时已冻死了，而令人惊奇的是，那天根本就没通电，冷库里只是常温！

其实，世上没有什么准确的预言，是女巫给了居里夫人一种“成功”的信念；那位工人则是自己害死了自己，望着被关死的铁门，心想：“这里零下几十摄氏度，我肯定要被冻死了！”这就是“心理暗示”，它能引导人走向成功，也能致人死亡。

心理学家告诉我们：成功与否，全看你“心之所向”。给大脑正面的刺激——即“良性的心理暗示”，大脑就会活络起来，产生连自己也意想不到的力量。成功的企业家，大多都是不时地给自己良好的心理暗示——

我的运气绝对是好的，我一定会取得成功。这种正面自我暗示，是所有成功者都使用过的一种自我调节方式。在某种程度上可以说，正是这种正面自我暗示的心理，导致了他们最终的成功。

悲观的人，在每一个机会中，都看到某种忧患；乐观的人，在每一次忧患中，都能看到一个机会。这就是成功者和失败者之间的心理差异。

第六章
爱是你通达人脉的基石，爱让人际关系更加融洽

在现实的人际交往中，人们缺乏的更多是真诚与爱。和病毒一样，爱同样具有传染性，不过这却是一种正面因素的传递。你给对方爱，同样地也会收获到对方给你的爱。所以，爱也就成为人际交往中重要的润滑剂。

第一节　有爱才有“人脉”

所谓有爱才有“人脉”，就是指你是什么样的人，就会交到什么样的朋友；相反，你从朋友身上也可照见自己的影子。好朋友犹如一本书，给你很多的帮助，同时也是你学习的榜样。多交益友，你会变得和他们一样，何乐而不为呢！

现在很多人认为，交朋友就是要交一些有权势、有能力、有钱财的人，这样显得很体面，遇到事情也会得到一些物质方面的帮助。其实不然，这样的人，和你的想法是一样的，他们未必会在你困难时，真心地帮助你。他们多半是些酒肉朋友，在你困难时找他们帮忙，恐怕连影子都找不见。

子曰：益者三友。友直，友谅，友多闻。友直即正直坦荡，刚正不阿，有一种所谓的朗朗人格，顶天立地。这种朋友在你怯懦时会给你勇气，当你犹豫不前时给你果决；友谅即有宽容的胸怀，能帮助你自省；友多闻顾名思义是广见博识，在无形中让自己得到借鉴。

好的朋友是良师，他潜移默化地影响你的思想、行动，令你觉得快乐幸福，生活处处充满阳光；好的朋友不见得时时刻刻陪伴在身边，却可以在你需要的时候迅速来到你面前。也许仅仅是一个眼神、一句话语、一种态度、一份默契，就足以安慰你受伤的心。

历史上最伟大的是友谊，就好比是马克思与恩格斯这两位革命巨人之间的友谊，《资本论》这部经典著作的写作及出版，就是他们伟大友谊的结晶。

马克思对恩格斯的才能十分敬佩，说自己总是踏着恩格斯的脚印走。而恩格斯总是认为马克思的才能要超过自己，在他们的共同事业中，马克思是第一提琴手而自己是第二提琴手。

1848 年大革命失败后，恩格斯不得不回到曼彻斯特营业所，从事商务活动。这使恩格斯十分懊恼，他曾不止一次地把它称作是“该死的生意经”，并且不止一次地下决心：永远摆脱这些事，去干他喜爱的政治活动和科学研究。然而，当恩格斯想到被迫流亡英国伦敦的马克思一家经常以面包和土豆充饥，过着贫困的生活时，他就抛开弃商念头，咬紧牙关，坚持了下去。这样做，为的是能在物质上帮助马克思，从而使朋友，也使共产主义运动最优秀的思想家得到保存，使《资本论》早日写成并得以出版。

于是，每个月，有时甚至是每个星期，都有一张张 1 英镑、2 英镑、5 英镑或 10 英镑的汇票从曼彻斯特寄往伦敦。1864 年，恩格斯成为曼彻斯特欧门—恩格斯公司的合伙人，开始对马克思大力援助。几年后，他把公司合伙股权卖出以后，每年赠给马克思 350 英镑。这些钱加起来，大大超过了恩格斯的家庭开支。马克思正是因为有了这些物质资助，才可以安心地工作，写出伟大的革命巨著《资本论》。

虽然我们无法与两位革命巨匠相比，但作为群居性的人类，我们身边至少应该有一些可以倾听我们心声，或是互相鼓励、相互安慰的朋友。好朋友不仅仅给我们带来心灵的慰藉，还可以对我们工作、生活中出现的问题提出真诚的建议。

怎样交到好朋友呢？这就需要我们有仁、有智。我们要交那些平和、谦逊、团结他人的人。好朋友能抑制我们心底的不快，放大快乐的光芒。当然，好朋友之间也要有一定的尊重和尺度，像平时说的两人好得穿一条裤子不见得就是好朋友。真正的好朋友是有分寸的，他们懂得放大我们快乐的光芒，但不会触及我们的隐痛。

对待朋友，最重要的是真诚。只要单纯、坦诚地与人交往，很多人都会是你的朋友。英国诺丁汉大学的心理学家理查德·特尼说：“和维持婚姻一样积极面对友谊，是快乐的先决条件。”

特尼对 1700 多人进行了调查，询问了他们对生活的满意程度以及他们的友谊状况。他发现，有 5 名朋友或者不足 5 名朋友的人，快乐机会只有 40%。拥有 10 名朋友的人感觉快乐多于不快乐。最快乐的是那些拥有很多朋友的人。

虽然研究人员还不清楚，到底是朋友让我们感到快乐，还是因为我们快乐才交朋友。但拥有很多的朋友，确实是件很快乐的事。

好朋友是一面镜子，他让我们看到自己的影子，他以缜密的理性建议让我们远离危险，让我们以快乐之心坦然面对生活。

自己修身养性是交到好朋友的前提，而交到好朋友则意味着你打开了最友善的世界，让自己有了更光明的一生！

让自己成为善良的、乐观的、幸福的人，使自己与这些美好的品德相贴近，那么至少可以在与这样美好的人相遇时共品一杯茶。朋友需用心去经营，需有一定的艺术性。对待朋友，不论男女朋友，都不能太过于重视，否则对方会觉得压力很大，会被你的重视压得喘不过气。但又不能过于疏忽，过于疏忽，可能就不会再有联系。所谓的“君子之交淡如水”就是这个道理。

珍惜身边的每一份友情，无论它是不是已经过去，无论它会不会有将来。也许不会天长地久，也许会淡忘，也许会疏远，但却从来都不应该遗忘。友谊是一粒种子，珍惜了，就会在你的心里萌芽，抽叶，开花，直至结果。而那种绽放时的清香也将伴你前行一生一世。

友谊是黑暗之中的温暖，友谊是无私的奉献，友谊是理解与同情，友谊是感恩，友谊是用爱的心去发现爱。

爱还表现为一种宽容的胸怀。宽容豁达是一种胸怀，一种睿智，一种崇高，一种博大。对待周遭的一切事物，要用一颗宽容的心来审视，要用豁达的情来对待。

宽容一次并不难，难的是一辈子都能保持一颗宽容豁达的心。宽容就像春天的一阵轻风，让人看到了无限的生机和希望，豁达则是人类内心世界最美好的一种境界。

有位老禅师，一日晚间在禅院里散步，突见墙角边有一张椅子，他一看便知有位出家人违犯寺规越墙出去溜达了。

老禅师也不声张，走到墙边，移开椅子，就地而蹲。少顷，果真有一小和尚翻墙，黑暗中踩着老禅师的背脊跳进了院子。

当他双脚着地时，才发觉刚才踏的不是椅子，而是自己的师傅。小和尚顿时惊慌失措，张口结舌。但出乎小和尚意料的是，师傅并没有厉声责备他，只是以平静的语调说："夜深天凉，快去多穿一件衣服。"

我们可以想象听到老禅师此话后，他的徒弟的心情。在这种宽容的无声的教育中，徒弟不是被他的错误惩罚了，而是被教育了。这就是宽容的魔力，它是一切成大事者必备的一种能力。没有它，我们就很难去善待他人，包容天下，就更别提在人生的道路上做出辉煌的成就了。

人与人之间常常因为一些无法释怀的小事，而造成永远的伤害，这就是缺少了宽容之心。如果我们都能从自己做起，开始宽容地对待他人，相信你一定能收到许多意想不到的结果。

清朝时期，宰相张廷玉与一位姓叶的侍郎都是安徽桐城人。两家毗邻而居，都要起房造屋，为争地皮，发生了争执。

张老夫人便修书北京，要张宰相出面干预。这位宰相到底见识不凡，看罢来信，立即做诗劝导老夫人：“一纸家书只为墙，让他三尺又何妨？万里长城今犹在，不见当年秦始皇。”

张母见书明理，立即把墙主动退后三尺；叶家见此情景，深感惭愧，也马上把墙让后三尺。这样，张叶两家的院墙之间，就形成了六尺宽的巷道，成了有名的“六尺巷”。

张廷玉失去的是祖传的几分宅基地，换来的却是邻里的和睦及流芳百世的美名。退一步海阔天空，如此豁达心胸成就了张廷玉的千古美名。

宽容别人的受益者不仅是对方，同时也是自己。宽可以容人，豁达可以载物，宽以待人天地宽。一个人不能不懂宽容，也不能够一味地宽容，不懂得宽容将失去自己的尊严；不懂得豁达处事，只能为难自己。

有一次，理发师正在给周总理刮胡须时，总理突然咳嗽了一声，刀子立即把脸给刮破了。理发师十分紧张，不知所措，但令他惊讶的是，周总理并没有责怪他，反而和蔼地对他说：“这并不怪你，我咳嗽前没有向你打招呼，你怎么知道我要动呢？”

这虽然是一件小事，却使我们看到了周总理身上宽容的美德。

有时候，宽容就是将心比心。人总是会觉得为什么自己越是想要的东西就越是得不到？想要得到的时候，想到的只有自己，世界也就剩下了自己，于是越走越小，黔驴技穷。

既然退一步海阔天空，又何苦对眼前的鸡毛蒜皮斤斤计较？佛家常说，与人方便，自己方便。自己能够为别人着想，别人将心比心，也会为自己着想，或许这就叫宽容。或者在这个时候，想要的就会如期而至。宽容就像是一对巴掌，只有一个，是拍不响的。

宽容和阿Q之间只是一线之隔。但人们宁愿做一个宽容的阿Q，也不愿意成为一名较真的堂吉诃德。人年轻的时候总是年少气盛，凡事都喜欢较真，非拼个你死我活誓不罢休，在伤害别人的同时也伤害自己。

年龄让我们学会了宽容待人，豁达看事，虽然不知道这是种妥协还是种境界，或者是，懂得在什么时候妥协，什么时候退却，这本来就是一种境界。毕竟世界的路不都是直的，横冲直撞，也只会头破血流。

所以，妥协和宽容也是一线之差。这个世界有很多东西都是模糊的，越是极端的东西就越容易夹缠不清，这就是物极必反的天理。而真正的境界和智慧或许就是，在夹缠不清中分清种种极端，把世人看来的模糊变得透彻，便是至境。

第二节　爱是人际关系的润滑剂

我们每个人都无法脱离别人而单独存在，不过，并不是每个人都能够很好地把握人际关系。有的人好友遍天下，在人群中如鱼得水；有的人却形影相吊、缺朋少友，处处受排斥，从而对人际交往心灰意冷。

其实人际交往能力并非天生，再内向的人通过后天的训练也可以成为一个处处受欢迎的人。只要你了解了人的情感需要，只要你掌握了人际相处的法则，你就会成为一个关系高手。

不受别人欢迎，是因为你缺乏爱人之心，没有照顾对方的感受，没有读懂对方的心思。

要想成为一个处处受欢迎的人，我们就不能处处站在自己的立场上考虑问题，不去了解别人是怎么想的。当你不顾别人的感受时，对方自然也不会给你好脸色。因此，要想成为一个关系高手，首先要了解人的情感需要。那么，人都有哪些情感需要呢？

1. 需要尊重

得到尊重是人的一种心理需求。这个世界上绝大多数人都过着平凡的、不为人注意的生活，没有众星捧月的迎候，没有书刊报纸的功德记录。即使如此，依然不能否定他们存在的价值，每一个人都值得我们尊重。

人人都需要被尊重。俄国教育家别林斯基曾说过："自尊心是一个灵魂中的伟大杠杆。"人人都有自尊心，都希望得到他人的尊重。不管是位高权重的人，还是职卑位微的人，他们都有受到别人尊重的心理渴望。当人的自尊心得到满足时，他就会非常乐意与那些让他获得尊重的人交往。

2. 需要关怀

人的内心世界是脆弱的。即使在生活中表现得非常坚强同时具有超凡能力的人，仍然需要别人的关怀和帮助。

一个小女孩经过一片草地，看见一只美丽的蝴蝶挣扎着飞不起来。小女孩走近一看，原来蝴蝶被荆棘弄伤了。她小心翼翼地为蝴蝶拔掉刺，然后把它带回家中，敷了药，然后放它飞走了。

晚间，小女孩准备入睡时，忽然出现了一个仙女。仙女说她就是那只被小女孩救的蝴蝶，现在来报恩，让小女孩许个愿，帮她实现。小女孩想了想，说："我希望快乐。"于是，仙女弯下腰来在她耳边悄悄细语一番，就消失了。

小女孩果然很快乐地度过了一生。她年老时，告诉自己的子孙说："曾经有一个仙女告诉我说，我周围的每个人，都需要我的关怀。你们要想获得一生的快乐，就关怀你周围的人吧。"

孟子曾经说过："爱人者人恒爱之，敬人者人恒敬之。"关怀他人，会使自己的人际关系更融洽，会使自己的存在更有价值，会使自己的生命更有意义。

3. 需要理解

有人说，人们寻求他人的理解，就像花儿渴望阳光那样迫切。不错，每一个人，哪怕是一个敌人，一个伤害你的人，一个侮辱你的人，都需要你的理解。因为他们所拥有的任何一种结果，任何一种行为，任何一种境界，任何一种心态，都必有其理，都有理所当然的地方。反过来说，当认识到一切皆理所当然时，你就理解他人了，同情心、宽容心自然而然地就会流露出来。此时，对于一切的人和事，你都会充满欢喜地接受；就算是对自己的冤家，你也会发现他可爱的一面。

所以，无论何时何地，你都要向别人传达你的理解。这是最迅速、最简捷的做法。“我知道你的感觉”，或者“我很理解你的心情”，请把这些话记在心里，时刻运用。

4. 需要帮助

一个人的力量是有限的，不可避免地需要别人的帮助。这种帮助不一定都是雪中送炭，但一定是及时之雨，有时，哪怕只是不经意的一句话、一个演讲：

> 美籍华裔女物理学家吴健雄毫无成就之时，有一段时期情绪比较低落。此时，她无意中听到胡适先生的一次演讲。正是这个演讲给了她鼓励，使她走出人生的低谷，重拾生活的信心。
>
> 成名之后的吴健雄曾给胡适先生写过一封信。在信中，吴健雄回忆了自己听胡先生演讲的往事，并对此表示感谢。
>
> 胡适在回信中写道：“我一生到处撒花种子，即使绝大多数都撒在石头上了，其中有一粒撒在膏腴的土地里，长出了一个吴健雄，我也可以百分快慰了。”

可见，一方面，是别人需要帮助；另一方面，如果帮助了别人，也能让自己感受到“百分快慰”。帮助了别人，快慰了自己，何乐而不为?

5. 需要同情

同情心一般是指对别人遇到的麻烦、烦恼、不快及意外给予真诚的关心，而不是视而不见、麻木不仁、冷漠处之或幸灾乐祸。同情心是一种爱，是一种友谊与理解，是平等的而非居高临下的施与。

其实每个人在生活中都会因种种原因，需要获取他人的同情。卡耐基说：“同情，是所有人类最渴望的东西。孩子会急着展示伤口给你看，来赢得你的同情。其实成人也一样，总是喜欢谈自己真实而虚构的种种不幸，来博取你的同情。”所以要想获得别人的欢迎，营造良好的人际关系，请记住要同情他人。

6. 需要激励

“激励”意味着向别人提供积极性或以积极性影响别人。而“积极性”一词的意思是“促使一个人做事或以某种方式行事的内心动力、冲劲或意欲”。所以，激励涉及如何激发一个人内心深处的东西即潜能。没有激励，人就很难动起来，更不可能鼓起冲劲，也就很难发挥潜能；相反，如果一个人不停地受激励驱动，他就能永远前进。

因此，与人相处，你必须学会调动别人内心深处的积极性，使他行动起来，并让他们发挥潜能。这样，他们会不由自主地欢迎你的到来。

7. 需要赞美

需要赞美，是人的天性。威廉·詹姆斯说：“人性中最深切的本质，是被人赏识的渴望。”还有人说：一个人活着就是为了避免惩罚或为了得到奖赏。

在某大学中曾经进行过一项实验，所有学生被分为三组。第一组学生经常受到赞美，第二组学生任其自由发展，第三组学生除了受批评之外无其他态度。结果任由发展的一组进步最小，受批评的一组有一点进步，但是受赞美的一组表现最为突出。由此可见赞美对一个人的积极力量。

赞美是对别人付出的一种报偿。因此，如果你经常赏识他人，夸奖、赞美他人的话，就会受人喜爱和欢迎。

总之，上述人类的种种情感需要，如果综合在一起，就是心理学关于“人的需要理论”中阐述的“爱与被尊重的需要”，这是人类天性中最深层次的渴望，也是人类最强烈的、最基本的非生物欲望。当人们的这种需要得到满足时，他就自然而然地想与使他得到这种满足的人交往或生活在一起，并乐意为这个人做一切力所能及的事。

第三节　爱能散发你的亲和力

要使别人喜欢你，首先你得改变对人的态度，把精神放得轻松一点，表情自然，笑容可掬，这样别人就会对你产生喜爱的感觉了。

爱能散发你的亲和力，在生活中，有的人身上往往有一种魔力，像磁铁一样，无形之中在他的周围产生巨大的磁场，吸引人们不由自主地向他靠近，乐于与他交往。这种力量就是亲和力。亲和力让别人向你敞开心灵窗户、情感大门；让别人非常乐意接受你作为他的朋友；让别人心甘情愿地帮助你战胜你的困难。

那么，如何提升这种亲和力，使别人愿意和你交往呢？相信下面的这些建议值得你一试。

1. 要以对待亲人的态度对待别人

亲人之间当然是休戚与共的，所以，你要让对方感受到你的亲切，就应努力与对方取得共识，保持态度一致，寻找思想共鸣。亲人之间会并肩而坐，因此，与人交谈时并肩而坐，会使他人感受到你亲人般的温暖。常说“我们”一词，会让人产生亲人、同伴意识。以亲人之间的称谓来招呼对方也会让对方备感亲切。如果你在与他人交流时，以“二哥”“大姨”相称或者直呼其名，会一下子拉近双方的距离。

此外，还可以适度谈论自家私事。如果你把亲人之间交谈的私事讲给他人听，他人就会把你看作“亲人”。

肯尼迪在竞选美国总统时，只有40岁。在和声名显赫的尼克松举行电视辩论时，因为他轻描淡写地说起了自家的私事“我和我的妻子正在等待着生下新的婴儿”，便一下子拉近了与美国民众之间的距离，从而取得了决定性的胜利。

2. 要让对方因为你而从内心里笑起来

对他人微不足道的优点予以夸奖，会让他从内心里笑起来。这样，他一定会对你产生好感。也可向对方的家人赠送他们喜爱的礼物，这会让对方产生你是“亲人”的感觉。与人聊天时，多说说小笑话。小笑话是消除紧张感、增进亲密度的润滑油。他人在哈哈一笑之后，不会不对你留下好印象。

3. 利用暗示指出别人不足

暗示是无声的语言，正所谓“只可意会不可言传”。一个眼神，一个手势，一个会心的微笑，一束期待的目光，有时会起到千言万语所起不到的作用。暗示也是批评的巧妙手段。含蓄、委婉的暗示，会让生活减少摩擦和不快，会使人与人之间变得更加默契温馨。

4. 经常赞美拉近双方距离

建立和保持良好的关系，别忘记经常赞美别人。一句赞美在拉近双方距离同时，也为良好关系的建立打下了坚实的基础。赞美除了直接用语言表达外，还有其他的方式。比如，表达自己的思念、喜欢、快乐，但是注意强调是对方带给你的。这是一种无形的赞美。

5. 学会沟通打开心门

沟通是交际中的桥梁，掌握良好的沟通技巧可避免误解带来的伤害。很多时候我们对事物的认识容易停留在自己的理解层面，在发表自己看法时，容易忽视或排斥他人意见。而沟通则让我们了解他人的想法，拉近彼此的距离。因此要学会沟通，打开心门，接受他人，开放自己。

6. 要维护对方自尊心并且为对方着想

可以在他人处于困境时，帮他树立信心，使他走出人生的低谷。也可指出对方所存的潜力。如：“如果你像五年前那样继续苦练写字，那么你会成为书法家的。”这些话语，会使对方对你产生强烈的亲切感，同时还可提供给对方他所感兴趣的信息。这样，他就会因为找到知音而对你产生好感。

另外，在关键时刻，帮助别人化解尴尬，也可让他对你备感亲切。

一次，大家闲谈时，小米说：“我每次洗完脸后，都要擦上黄瓜洗面奶。”话语一落，周围的人立刻哈哈大笑起来。一些人当面奚落小米的无知，因为“洗面奶”是洗脸用品，不是“润肤霜”之类的化妆用品。小米满脸通红。此时，好心的邹大姐出面打圆场：“小米是说洗脸要洗两次，才能洗干净。况且黄瓜洗面奶作为化妆品用，也不错呀！它一样可以养颜护肤呀！”邹大姐的几句话，使小米摆脱了尴尬，她十分感激邹大姐。

7. 要利用差错效应让对方觉得可亲近

交际场合，就如何使人觉得亲切这点来讲，可望而不可即的“圣人”不如有血有肉的“凡夫俗子”，这就是差错效应。利用差错效应可以让对方觉得你易于接近。下面这些做法你可以参考：

着装时，有意于齐整中露出一丝凌乱，会令对方感到亲切；或偶尔做些笨拙的举动，可缩短双方的心理距离；或有意在举止上出个“小意外”，可消除紧张感；或偶尔做出点小乱子，可使你更具魅力。

上述这些方法可以大大提升你的亲和力，让你身上的“磁力”越来越强，周围的“磁场”越来越大，让你身边的朋友越聚越多。

第四节　善于用爱“搭桥”

现在的许多年轻人都知道“人脉就是钱脉”这句话，所以，他们很多人一踏入社会就急急忙忙地去交朋友，希望尽快地建立起自己的人脉网络。殊不知，人脉不是一朝一夕就能建立起来的。而且，许多人对人脉的认识非常浅薄，认为只要认识了某个人，就算是和他建立了人脉关系。这种认识上的误区很容易让人把精力投放到不断地交朋友上，而忽略了应该先把工作做好。尤其是在网络时代，许多“很有想法”的人为了尽快建立起自己的人脉网络，为自己以后的创业打好基础，即便在上班时间也泡在各种各样的论坛和交友网站上。

其实，无论我们拥有多么便利的社交手段，无论我们认识多少所谓的各界人士，只要我们和这些人没有“交心”，他们就算不上我们人脉网络中的一分子，更算不上我们的朋友。所以，要想拓展人脉，首先要和我们想认识的人进行“交心”。而要想“交心”，我们首先要懂得“分享”。

分享是一种最好的建立人脉的方式，你分享的越多，你得到的就越多。因为当你有一种付出的心态，愿意与别人分享时，别人会觉得你是一个值得信赖的人，在感情上，首先愿意接近你。

许多人都有这样的经历，当你去向同事求教一个问题的时候，如果这个同事支支吾吾不想告诉你，你即便表面上不会说什么，但内心却肯定会把这个同事划入不可交的行列。如果回头这位同事也有事需要请教你，你肯定也不愿意告诉他。

反之，如果你在公司里面老是去请教一位同事，而这位同事又总能毫不掩藏地把自己的工作经验传授给你，那么你在内心深处必然会对这位同事产生感激之情。你甚至会期望这位同事也有什么解答不了的问题来“请教”你，以让你有机会报答他对你的帮助。

这就是人际关系的微妙之处。中国有句老话叫“滴水之恩，当涌泉相报”，阐释的就是这个道理。

这种基于分享的人际关系，我们很多人在小时候都经历过。只是随着年龄的增长，学校教育在这方面的缺失，我们慢慢忘记了分享的重要性。结果，到了社会上工作之后，我们多年来养成的以自我为中心的习惯，让我们成为了人际交往的弱者。这也导致了许多大学生在踏入社会的时候，不得不开始重新学习人际交往的技巧。

只不过，大多数人在重新重视人脉重要性的时候，都陷入了一个误区：他们宁愿去学习一些所谓人际关系的技巧，也不愿去琢磨人际关系的真谛。其实，人际关系的真谛就藏在我们与身边亲人之间的关系当中。回想一下，亲人之间，尤其是有血缘关系的亲人之间，为什么不会互相猜忌，为什么即便有一些小小的矛盾，也会很快相安无事?

答案就在于分享。我们大多数人与亲人之间的相处方式是分享式的。我们的痛苦、欢乐、财富、感情，等等，都愿意与自己的亲人分享。我们与亲人之间，彼此不是互相设防，而是互相关心、互相帮助、互相支持。如果你有心留意那些幸福的家庭，你会发现，这些家庭成员的相处方式，一定是互相关心、彼此共享的。反之，那些不断产生矛盾的家庭，必定是有人为了一己利益而忽视甚至损害亲人的利益。

没有分享的心态，即便是亲人之间，也难以形成良好的人际关系。反之，如果你具备了分享的心态，那么即便是普通同事或朋友，彼此之间也会因为信任而建立起深厚的感情。

蒙牛集团的创始人牛根生，就是因为懂得分享的道理，所以从小到大都有一批人喜欢他、信赖他，跟随他。这种良好的人际关系，为牛根生后来创立蒙牛发挥了巨大的作用。

牛根生从小就从母亲那儿学会了两个道理：一个是“要想知道，打个颠倒”，意思是说多想想别人的疾苦难处，你就知道该如何为人处事；另一个是“吃亏是福，占便宜是祸”，意思是说，在处理一些事情的时候，宁愿亏自己，也不要亏别人。

在母亲的影响下，牛根生童年时期就形成了“财聚人散，财散人聚”的观念。即便母亲给他一两毛钱，他都会分给伙伴们花。这种乐于分享的作风，使得小伙伴们都愿意听他指挥，甚至一起去教训欺负过他的“浑小子”。那个时候，牛根生已经体会到了分享的力量。

到了四十多岁的时候，在伊利上班的牛根生被开除，他失去了工作，不得不奔波于人才市场。结果，因为年龄太大，没有人愿意要他。思前想后，牛根生最终决定自己创业。这一决定，导致了后来蒙牛集团的诞生。

牛根生创业时并没有多少钱。他和几位同时被伊利免职的中层干部凑在一起，把手里的伊利股票都卖掉，也不过才凑了 100 多万元。这点钱要想进军乳业领域，无异于杯水车薪。

但事情总是出人意料。1999 年 1 月，蒙牛乳业有限责任公司正式注册成立。消息一传出，那些还在伊利上班的牛根生的老部下，开始一批批地投奔而来，总计有几百人。甚至有一些只是听说过牛根生这个名字的人，也跟着投奔而来。

面对前来投奔的人，牛根生告诫他们不要弃明投暗。因为面对无市场、无工厂、无奶源的三无环境，没有人能保证蒙牛一定会有一个光明的未来。但是，老部下们还是义无反顾地加入了蒙牛的团队。这些前来投奔牛根生的人，包括伊利原液体奶的老总、冰淇淋的老总等。他们在投奔牛根生的同时，还变卖自己的伊利股份，或者借贷，有的甚至把自己留作养老的钱也倾囊而出，最后把钱投入到蒙牛里面来。

有些曾经与牛根生打过交道的客户，也纷纷选择与牛根生合作，甚至加入蒙牛公司。比如邓九强，他原是呼和浩特市轻工机械有限公司的老板，给蒙牛提供冰淇淋、牛奶工业设备等，后来干脆投奔牛根生成了蒙牛的副董事长。谢秋旭是广东潮州阳天印务有限公司的董事长，以前跟伊利合作印牛奶、冰淇淋包装盒的时候，认识了牛根生，并且成为牛根生的挚友，后来又和蒙牛合作，并且在一段时间之内是蒙牛最大的自然人股东。

这些人为什么如此信赖牛根生，敢于把自己的未来投到一个前途未卜的新公司身上？

原因就在于牛根生在伊利集团时，经常进行“人情投资”。他把在童年时期就领悟到的“财聚人散，财散人聚”的道理运用到了极致，由此获得了大批人的信赖和推崇。

有一次，因为业绩突出，伊利公司奖给牛根生一笔钱，让他买一辆好车。结果，牛根生却把钱分成5份，为5位部下每人买了一辆面包车。他甚至曾将自己的108万元年薪都分给了大伙，至于普通的资助，对他来说更是难以计数。正是因为这种乐于分享的行为，让牛根生的人脉迅速得以积累。他创业的时候，才会有那么多的人乐意、敢于把钱投给他。

人脉就是如此，只有当你真正用心与别人交往的时候，别人才会感到你的真诚，并愿意为你付出。

其实，当一个人建立人脉的最初目的就是想利用对方，让对方给他投资时，他是建立不起人脉来的。因为商业有商业的规则，即使是再好的朋友，一旦涉及投资，也一定是按照商业规则来。能赚钱，朋友才会投资。不能赚钱，即使是朋友也不会投资。

第五节　种下爱，收获爱

古人云："人法地，地法天，天法道，道法自然。"符合大自然规律的做法，将得以发展壮大，不符合自然的做法，将遭到大自然的惩罚。

这是一个互相关爱的宇宙。没有爱，地球上就没有生命。没有爱，你就不会被生下来，你的家人和朋友也是如此。如果爱止息了，整个人类都会消亡。

这就是古圣先贤所说的博爱，不但爱亲人朋友，还要爱与你有恩怨之人，不但要爱人类，还要爱宇宙万物，只有这样才能够得到宇宙万物的滋润与营养，才能与大自然融为一体，成为其中和谐的一员。当你去爱的时候，你已经在运作宇宙间最伟大的力量了。

每一项发明、每一项成就都源于人们心中的爱，如果没有爱迪生对发明的热爱，我们至今仍然生活在黑暗之中；如果不是莱特兄弟对飞机的热爱，我们无法搭乘飞机飞行，也不能开车，没有暖气，没有医院，没有书，没有画作，没有打动人心的戏剧，等等。这一切都源于爱，你所见到的每一样东西都不是被冷漠地、毫无感觉地创造出来的，而是通过爱，它们才能来到这个世界上。获得幸福的唯一途径也是爱。

宇宙之间是互相关爱的，只有学会付出爱，才符合宇宙的规则，才能得到福报。简而言之，在生命中你给出去的是什么，收回来的就会是什么。

一天深夜，一对年迈的夫妻走进一家旅馆投宿，但是旅馆已经客满，没有空房剩下。看着老人疲惫的神情，旅馆的侍者说："让我来想想办法！"

接着，好心的侍者将这对老人引到一个房间，说："也许它不是最好的，但现在我只能做到这样了。"老人见眼前是一间整齐又干净的屋子，就愉快地住了下来。

第二天，当他们到前台结账时，侍者却对他们说："不用了，因为我只不过是把自己的屋子借给你们住了一晚。祝你们旅途愉快！"原来，侍者自己一晚没睡，在前台待了一个通宵。两位老人十分感动，说："孩子，你是我见过的最好的旅店经营人。"侍者笑了笑，说这不算什么，他送老人出门，转身接着忙自己的工作，把这件事情忘了个一干二净。

没想到有一天，侍者收到一封信，里面是一张赴纽约的单程机票并附有简短留言，聘请他去做另一份工作。他乘飞机来到纽约，按信中所标明的路线来到一个地方，抬眼一看，一座金碧辉煌的大酒店耸立在他的眼前。

原来，那个深夜他接待的是一个有着亿万资产的富翁和他的妻子。富翁为这个侍者买下这座酒店，深信他一定会管理好它。

这就是全球赫赫有名的希尔顿酒店首任经理的传奇故事。

人生其实是很公平的，你付出什么，也会得到什么，种下爱，才能收获爱。你帮助别人，同样也会得到别人的支持与帮助。世上很多事看似没有关系，其实都是互相关联的。当你不懂得帮助别人，自以为单枪匹马也可以成就一番事业时，很可能你已经失去了成功的机遇。

有一位小伙子出差北方时带回一些玉米良种，但他摸不透这种子是否真的能高产，便在自家的责任田里试种了一块地。结果到收获时，这块地里玉米的产量比往年翻了一番，小伙子高兴极了。

村民们都知道了这事，纷纷来到小伙子的家，要求购买他的良种玉米。可无论怎么跟他说，小伙子就是不答应出售这玉米种子。村民们见小伙子执意不肯，只好作罢。

第二年春天，小伙子将自家的责任田全都种上了这些玉米良种，等待着一个丰收季节的到来。谁曾想事与愿违，这一年他家的玉米不但没有丰收，而且比过去普通玉米种子的产量还要低。小伙子百思不得其解，甚至怀疑是村民们没有得到玉米良种，暗中对他家的玉米动了手脚。

乡里的一个农技员听说了此事，就去实地看了看，然后对小伙子说："这是良种玉米接受了附近普通玉米的花粉所致，假如大家都种上了良种玉米，你的玉米也不会受到影响，长势还能更好。"

中国有句俗话叫"吃亏是福"。其实，主动地去帮助别人并不见得就会吃亏。大多数时候，我们不过是多花了一点时间，多付出了一点精力，而并没有真正物质上的损失。虽然说主动去帮助别人并不总能得到回报，甚至还会得到不好的结果，但我们并不能因此而拒绝去帮助别人。毕竟，真正的帮助并不以追求回报为目的。

无论我们对别人的帮助有没有回报，有一点是可以肯定的，这就是习惯于帮助别人的人，总能有机会得到别人的回报。而那些从来不帮助别人，或者说带有明确的功利目的去帮助别人的人，基本上是得不到回报的。

100 多年前的一下午，在英国一个乡村的田野里，一位贫苦的乡下人正在田里耕作，忽然听见河边传来救命的呼叫声。他奔向河边，从河里救起那位险些丧命的少年。事后知道那是位贵族世家的儿子。几天后贵族登门道谢，问乡下人有什么需要。乡下人觉得救人是天经地义的事，根本不需要什么报答。在贵族的坚持下，乡下人的儿子被带到了伦敦去读书。后来，这个乡下人的儿子从伦敦圣玛丽医学院毕业了——他就是青霉素的发明人，1945 年诺贝尔医学奖获得者亚历山大·弗莱明。

故事并没有到此结束，在二战期间，那位帮助弗莱明完成学业的贵族的儿子，在伦敦患了严重的肺炎，正是用青霉素才治好了他的病，挽救了他的生命。这个人，就是当时英国的首相丘吉尔。

当你帮助一个人的时候，你永远都不会知道自己会得到什么样的回报。但当你拒绝伸出援助之手的时候，你却一定不会得到任何的回报，甚至，你还会因此而受到惩罚。

一头驴子和一匹马，各自背着一大包盐，沿着山路走去。太阳像一个火球，那头可怜的驴子背着盐包，整整走了一天，累得很。它对马说：“我想把背上的盐分一些给你背，我实在走不动了，恐怕就要倒下来了。帮帮我的忙吧。”

“我不愿意。”马摇摇头回答，“我们的主人很明白，你我各有多少重量背。”

那头可怜的驴子不再说什么，咬着牙继续走下去。可它还没有走到那座小山的顶上，就倒在地上死了。主人走上前去，把那个大盐包从它的背上卸下来，全都放在了马背上。

现在马背着两个大盐包，艰难地赶着没有走完的路程，它一步比一步吃力，后背好像要折断一般。它边走边想：刚才还不如帮助一下自己的好朋友驴子呢。

如果那匹马帮助一下驴子，那可怜的驴子也许就不会死，马也就不用去背负双份的重量。同样，如果没有弗莱明父亲的善举，弗莱明就没有求学的机会。而那位贵族如果不知恩图报，他的儿子许多年后也许会死于肺炎。

一个人，如果心里想的只有自己，那么，他的世界也会变得越来越小。只有把整个世界装在心中的人，才会真正拥有这个世界。想要被爱，首先要去爱别人。

这个世界上不一定有因果报应，但我们确信，有时候，帮人的确就是在帮自己。人生的旅途中，肯定会遇到许许多多的困难。在前进的道路上，搬开别人脚下的绊脚石，有时恰恰是在为自己铺路。

第七章
爱虽不是财富却能成就富足的自己

爱虽然不是财富或者直接创造财富，但却可以让你更加富有和知足。爱是一种心灵财富，有爱心的人才能拥有。

第一节　爱的能量打开你财富之门

有一农场主，为方便拴牛，在庄园一棵榆树的树干上箍了一个铁圈。随着榆树的长大，铁圈慢慢地长进了树身里，榆树的表皮留下了一道深深的疤痕。

一年后，当地发生了一种奇怪的榆树病，方圆几十里的榆树全部死亡，唯独那棵箍了铁圈、留下疤痕的榆树却存活下来。

为什么这棵榆树能幸存呢？植物学家对它产生了兴趣，于是组织人员对它进行研究。结果发现，正是那个给它带来伤害的铁圈救了它，它从锈蚀的铁圈里吸收了大量的铁，所以才对真菌产生免疫力。

这是一个真实的故事，它发生在20世纪50年代美国的一个农场中。这棵树至今仍郁郁葱葱地生长在美国密歇根州比犹拉县附近的那个农场里，充满生机和活力。

不仅是树，人也是如此，伤害有时会成为生命的一道养料，让生命在伤害中变得更刚毅，更坚强，更充满生机、活力和希望。

但是，不是所有的人都能意识到这一点。当我们受到伤害时，首先的反应就是反击或者报复，而不是包容。人的心理就是如此荒诞，美好的东西从眼前飘过却不会去抓住，邪恶却可以很容易在心里生根发芽。别人在你困难的时候帮助过你，或许过段时间你就会忘记，但如果谁伤害过你，那伤口或许就一辈子也难以愈合。我们缺少一颗感恩的心，缺少一颗用爱去包容一切的心，所以我们总是生活在烦恼之中，永远不快乐。

人活着，就会遇到许多的伤害，这就是生活。受到伤害当然不是好事，但也正是无数的伤害，才让我们成长，让我们懂得了什么是真正的生活。

1988年，清华硕士孙宏斌从某科研单位辞职来到联想，后主持企业发展部工作，负责联想集团除北京以外全国各地的业务发展，他领导的团队管理着当时联想在各地的分公司。一年多时间，孙宏斌所在部门在各地建立了12家分公司，其管理的业务快速发展，使其与其他部门尤其是联想的老同志发生诸多摩擦，引起种种担忧。

1990年二三月，长期坐镇香港的柳传志回京，主要目的便是想妥善处理企业发展部的问题。但柳传志发现，孙宏斌和他的领导团队在管理理念上与集团发生了激烈的冲突，乃至发生了严重违反公司规章制度的行为，其中最重要的表现是试图独立掌控资金，使其所管理的业务独立于公司的监控体系之外，也确实造成了资金在公司财务体系之外的运行缺乏监督监控的事实。

柳传志在会见记者时说，“当时他们成了一个集体，外人看来就是‘帮’，人由他选取，财务上一度失控，下面人还说了一些更过分的话。如果在我的控制之下，还可以；控制不住，当然不行。我对他的了解，大部分是在从香港回来后，当时的局面已经很紧张，他越上进心强，我们越感威胁。”

由于难以判明孙宏斌的主观动机，为了控制事态发展，防止损失，公司采取了果断措施，请司法机关立案查处。孙宏斌因此获罪。

孙宏斌与联想的故事并非到此结束。1994年3月9日，即孙宏斌出狱前18天，他和一位狱警到北京出差，托人请柳传志吃了一顿饭。席上，孙宏斌告诉柳传志他出狱后准备做房地产销售代理，并诚恳地向柳传志表示，之所以发生这样的事，是因为他太年轻、太浮躁、太急功近利。直到今天，孙宏斌也认为自己当年的做法不妥，给联想造成了不良影响。但是孙宏斌一再强调，他做事的动机是为了联想的发展，其中没有任何个人私利。孙宏斌承认他的做法有不妥和错误，但他自始至终没有认为自己有罪。

“如果我出来后提着刀到柳总住的楼下转悠，有什么意义呢？你得知道你究竟想要什么。”孙宏斌说，“柳总在我眼中一直是一个长者、导师，从某种意义上说，是柳传志造就了我。”

出狱后的孙宏斌成立了顺驰房地产公司，1994 年 8 月，顺驰想获得比常规更快的发展，孙宏斌向联想借款，柳传志等人当即同意借出 50 万元。

后来，孙宏斌在谈起自己的这段经历时说：“我是顺驰的讲师。这段痛苦经历使我对人性的认识变得深刻，但我必须更多地看到它积极、正面的因素，真正把经历变成财富。”

把经历变成财富，孙宏斌做到了。这种财富既是数字和物质的，也是精神和理念的。

不要害怕伤害，也不要仇恨曾经伤害你的人。因为是他们告诉了我们什么是生活的真相，是他们教会了我们如何成长，是他们让我们变得更加的坚强。不要去恨他们，要感谢他们，感谢那些曾经伤害过你的人。爱的力量是无穷的，爱可以保护我们，在别人伤害你的时候，将你的伤痛减到最低。而仇恨，却会毁掉我们。

你不能决定生命的长度，但你可以控制它的宽度；你不能左右天气，但你可以改变心情；你不能改变容貌，但你可以展现笑容；你不能控制他人，但你可以掌握自己；你不能预知明天，但你可以利用今天；你不能样样胜利，但你可以事事尽力。

东方卫视的《杨澜访谈录》，有一期是访谈梁家辉的，节目的最后，杨澜问梁家辉，对于伤害过他的人恨不恨。梁家辉说：“我要感谢他们，让我经历了那么多，也让我明白了自己是个平凡的人。”

梁家辉的这句话，我想也不是凭空说出来的，而是他发自内心的话语。他是懂生活的人，是在经历了很多伤痛之后，感悟出来的生活哲理。

世界是如此之大，我们作为生命个体却是如此的渺小，微不足道。一晃百年过去，尘归尘，土归土，你是愿意带着一颗充满仇恨的心离开这个世界呢，还是在你让爱的芳香充满这个世界后微笑着离开呢？忘却那些伤害吧，忘记那些仇恨吧！生命虽然短暂，爱却可以永恒。

第二节　爱让你知足常乐

《道德经》里说“祸莫大于不知足”，不知满足，进而贪婪追求，定招灾祸。知其足，常常觉得自己拥有的很多，感觉很满足，所以很快乐。快乐是人类社会众望所归的最高境界，只有知足者才能常常快乐。所谓君子之交淡如水，一个缺乏爱心，把名缰利锁看得太重的人，注定是不快乐的。

美国圈地运动时期曾经发生过一件事：当时美国地广人稀，地价便宜，土地的出售以一人一天所跑的范围为准。

有一个人付了钱之后就开始拼命跑，从早晨到中午到黄昏，此人也不休息，唯恐少圈了地。结果他倒是圈了好大一块地，而自己却因奔跑过度，累死了。卖主只好将他草草就地埋葬。这个人最终占的不过一棺之地。

一个人无论多么有钱、有权、有名气。追求的再多，拥有的再多，到了生命的尽头，也只不过是需要“一棺之地”安葬罢了。虽然人应当有所追求，有所作为，但是不能因为过度的贪婪和欲望，丧失了人的本性。追求有止境，只有懂得知足，你才能快乐。

《佛遗教经》上说：“若欲脱诸苦恼，当观知足。知足之法，即是富乐安稳之处。知足之人，虽卧地上，尤为安乐。不知足者，虽处天堂，亦不称意。不知足者，虽富而贫。知足之人，虽贫而富。不知足者，常为五欲所牵，为知足者之所怜悯。”

你能知足，就不会有贪心。不会有贪心，虽然贫穷，也乐在其中。不知足就常常觉得得到太少，生活太苦闷。因此，若想要得到福报，脱离种种苦恼，就要懂得知足。

孔子最得意的弟子颜回，家庭清贫，只能吃干饭，喝白水，住贫民窟，别人都无法忍受，颜回却自得其乐。说他“一箪食，一瓢饮，在陋巷，人不堪其忧，回也不改其乐”，可谓是贤德之士。

一个人存活在社会中，只要有饭吃，有水喝，有房子住，即使都是很低标准的吃、喝、住，也不应该妨碍自己的快乐。知足常乐是一种适可而止的精神，但不是安于现状，不思进取。

人不能病态地沉溺于欲望的满足，而知足则是一种心理的健康，一种精神上的节制和坦荡。人如果只为满足欲望而活着，那么欲望永远也满足不了。满足了一种欲望，同时就有十种欲望受到压制，又有百种欲望随之产生。它们不可能一一得到满足，一定会使人常不乐或者乐不常。

诸葛亮《诫子书》有名句："非淡泊无以明志，非宁静无以致远。"陶渊明《饮酒》诗曰："采菊东篱下，悠然见南山。"唐伯虎《桃花庵歌》中有："但愿老死花酒间，不愿鞠躬车马前。车尘马足富者趣，酒盏花枝贫者缘。若将富贵比贫者，一在平地一在天。若将贫贱比车马，他得驱驰我得闲。别人笑我忒疯癫，我笑他人看不穿。不见五陵豪杰墓，无花无酒锄作田！"古人的言行蕴含着知足者的宽阔情怀，尽显常乐者的怡然自得。

知足是一种智慧，常乐是一种境界。我们如果能知足，所过的生活就会富乐安稳，所住之处也就是最和睦吉祥的地方。

一个小家的知足，存在于个人的境界里。有家人的牵挂、关爱，与那些孤苦伶仃的人比，我们要知足地去爱护和珍惜，去孝敬我们的长辈。

家里有一个爱你的伴侣，就会洋溢着生活的甜蜜。在爱与被爱中，我们知足地去享受幸福，婚姻就不会有偏差。相濡以沫的生活会冲淡一切寂寞，使我们活得更充实。到垂老的时候，你会更加知足。

普通人就要过普通的生活，我们不要不知足，更不能怨天尤人。总觉得自己生活在苦大仇深中，永远也乐不起来。心底无私天地宽，心胸开阔，欲念有度，那才是知足常乐的根本。

知足，并不是一味地满足，不思进取。每项事业都开始于不知足，如果你满足于一时美满的生活，停滞不前，就不会拥有更多的财富，世界上也许就不会有第二个比尔·盖茨，或许你将成为一个永远当不了将军的士兵。因此，该知足就知足，该追求就追求。

快乐是人生的真谛，人要得到快乐，关键要有平常心。知足常乐，不知足而常怨。重要的是心态。你有知足的心态，温暖的阳光就会洒在你的身上；如果你不懂得知足，就会一辈子辛劳，一辈子抱怨。

如果你老是把弦绷得紧紧的，弓很容易就会折断，但如果你把它放松了，要使用时就能顶用。

有一个小矿工被要求去买食用油。离开前，厨师交给他一个大碗，并严厉地警告："你一定要小心，我们最近财务状况不是很理想，你绝对不可以把油洒出来。"

小矿工答应后就下山到城里，到厨师指定的店里买油。在上山回矿的路上，他想到厨师凶恶的表情及严重的告诫，愈想愈觉得紧张。于是小心翼翼地端着装满油的大碗，一步一步地走在山路上，丝毫不敢左顾右盼。

很不幸的是，在快到厨房门口时，由于没有向前看路，小矿工踩到了地上的一个坑里。虽然没有摔跤，可是却洒掉了三分之一的油。小矿工变得更加紧张了，手都开始发抖，无法把碗端稳。来到厨房时，碗中的油只剩了一半。

厨师当然非常生气，他指着小矿工大骂："你这个笨蛋！我不是说要小心吗？为什么还是浪费这么多油，真是气死我了！"

小矿工听了很难过，开始掉眼泪。另外一位老矿工听到了，就跑来问是怎么一回事。了解事情的经过以后，他就去安抚厨师的情绪，并私下对小矿工说："我再派你去买一次油。这次我要你在回来的途中，多观察你看到的人、事、物，并且需要跟我做一个报告。"

小矿工想要推卸这个任务，不过在老矿工的坚持下，他还是勉强上路了。在回来的途中，小矿工发现其实山路上的风景很美。远方看得到雄伟的山峰，又有农夫在梯田上耕种。走不久，又看到一群小孩子在路边的空地上玩得很开心，而且还有两位老先生在下棋。在这样边走边看风景的情形下，不知不觉就回到了矿上。当小矿工把油交给厨师时，发现碗里的油，装得满满的，一点都没有损失。

这虽然只是一个故事，但它却指出了是什么导致了我们紧张，又是什么可以让我们放松下来。

现代社会，快节奏的生活，复杂的人际关系，激烈的社会竞争，无不让人感到一种无形的精神压力，一种难以摆脱的紧张感。人们没有时间放松自己，也不敢放松自己。

但是，人的神经如果总是绷得紧紧的，就会容易崩溃。文武之道，一张一弛，如果我们总是长时间地紧绷着心理之弦，就没有机会去欣赏生活中的美好风景，也就无法让自己放松。

有些事情，该放下时就要学会放下。有的人无论工作多么紧张，都会找个时间到乡村度假。结果，他们去的时候又累又紧张，回来的时候，却可以心情愉快地面对下一周的忙碌工作了。这就是学会放下的好处。

回归自然是一种令自己的身心感到放松的极佳方式，对于这一点，大多数身处当今激烈竞争时代下的人们都有同感。不过，人们却总是因为不敢放下而错过了与自然亲密接触的机会，于是心弦便愈绷愈紧、压力愈来愈大。

其实，一个人永远不可能做完所有的事，世界上也没有做得完的事。所以要学会欣赏生活、享受生活，让自己真正放松下来面对生活。

第三节　越有爱，越富有

一个青年人即将走上社会，为此惴惴不安。临行前，青年人来看望爷爷，希望爷爷能给他一些忠告。

爷爷说我的菜地很久没有施肥了，今天你来得正好，帮我抬一桶大粪到菜地吧。爷爷找出那只粪桶，装满了粪便，然后叫青年人抬。

换了别人，或别的时候，青年人是不会和爷爷一起抬粪桶的，太臭了，青年人简直受不了这股气味，但这次他忍住了。施好肥，爷爷将粪桶洗干净了，但那股气味依旧存在，还是那么臭。难怪爷爷把它存放在茅坑边上。

干完活，青年人要走，但爷爷执意留他，说还有活要他干呢。爷爷找出一只水桶，对青年人说，你再帮我抬几桶水吧。因为是爷爷叫他干活，青年人就不好意思说走了。

从家到河边有一二里路，抬一桶水还真不容易。青年人将水倒进灶头的水缸时，却发现缸里水是满满的。爷爷并不是缺水，而是想留他吃完饭再走。于是，青年人就留了下来。

吃饭时，爷爷叫青年人把酒桶拿来。青年人就从灶头抱来了酒桶，揭了桶盖，掀开满桶的棉絮，从中取出那把酒壶，给爷爷斟了一碗，自己也斟了一碗。黄酒温温的，入口很香。在饭桌上，爷爷也没有对青年人说什么。

饭后，送青年人到路口时，爷爷说，这三只桶，我是用同一棵树上的木头做成的，新的时候一模一样，后来，装酒的就成了酒桶，装水的就成了水桶，装粪的就成了粪桶。做人也一样，你希望自己变成什么样的人，依照那样的标准来要求自己，习惯成自然，你就会变成什么样的人。

优秀是一种习惯，不优秀也是一种习惯，就看你怎么样定位自己。爱自己就要使自己成为一个优秀的人，爱虽不是财富，却能成就富足的自己。越有爱，越富有。

如果你希望自己成为一名作家，那么，平时就应该多看看书，有意识地培养自己的鉴赏能力和阅读力。久而久之，养成一种阅读的习惯，在对某些事情有了自己的想法时，提起笔来直抒胸臆，自然是水到渠成的事。但是，如果一个人一直认为自己不如人，也不会有大的发展，成不了商人，富人或是有才的人，那么终日游手好闲、不学无术，最终也只能成为社会的闲散人员。

电视连续剧《士兵突击》很受观众的欢迎，原因除了剧中的人物性格鲜明外，还与主人翁许三多的成长经历有关。

在许三多未参军之前，认识的人都说他平庸，即使他老爸，也骂他是“没出息的龟儿子”。于是，慢慢地许三多也以为自己很平庸，于是，他真的成了“龟儿子”。

负责部队招兵的班长看到了他，想起了以前的自己，于是把他带走，带到了部队。刚进入部队，许三多还是觉得自己很差，所以随着新兵连的结束，他被分到了好兵的坟墓，孬兵的天堂——三连五班。

新兵连的时候，他记住了班长跟他说过的话：活着就要做有意义的事情。

修路很有意义，虽然大家都认为他不可能将路修好，但他想做有意义的事情，于是他修好了路。因为这个原因，他又被团长召回，分到了班长那个班。

虽然这个时候他还是显得很平庸，成为了班上的累赘，拖着班上的成绩。但是他知道，如果他不能做好，他的班长，唯一相信他的班长就必须离开部队。他不想他的班长离开，于是他成了全连最好的兵。

终于，他的班长离开了部队，七连也解散，他没有了依靠。老A的部队将他招去。

他想留在老A，因为为了进入老A，很多人付出了巨大的代价。为了这些人，他必须留在老A，要留在老A就必须成为最优秀的兵，于是他成为了最优秀的兵，完成了训练，留在了老A。

最终，许三多成为了一名优秀的军人。

事实就是如此，除了你自己，没有人能够小瞧你。别人对你的评价并不重要，重要的是你自己如何评价自己。如果你想成为将军，那你总有一天会成为将军；如果你想成为企业家，那你也能成为企业家……我们的潜力都是无穷的，只不过，有的人知道自己想成为什么，所以他能够有目标地去奋斗；而有的人不知道自己要成为什么，所以他最终没能成功。

其中的关键，就是人的主观能动性。你希望自己成为什么样的人，就能成为什么样的人。然而，当你有一天真的成功了，并不代表一切是一个终点。

一段感情从开始到结束，结果是归零。一个生命从诞生到消亡，结果也是归零。企业家一旦破产，就会回到贫穷的状态，其结果还是归零。可以说，生活中的种种最后都会回到原点。一切归零，是人生的必然，只不过，有的人敢于面对它，有的人则对它深怀恐惧。

勇敢者在一切归零后，会迅速丢掉过去所有的辉煌，然后选择重新开始。而懦弱者会在一切归零后，迅速跌进绝望的深渊，从此一蹶不振。

很多人害怕失去，害怕一切归零的现象发生在自己的身上。其实，一切归零并不可怕，可怕的是我们没有归零心态。懦弱者害怕归零，因为他再没有勇气重新开始。勇敢者正视归零，而且当他们真正失去一切后，不但不会沮丧，反而会非常积极地看待它，并从中归纳失败的经验教训，以图东山再起。

当然，我们并不希望失去一切。一切归零的时候固然可以检验一个人的勇气，但它却不是人生旅途中必须经历的一个过程。我们之所以强调归零心态，是希望那些陷入这种状态的朋友，能够迅速调节自己的心态，勇敢面对眼前的困境，并迅速走出困境。

更重要的是，归零心态强调的是一种心态。即使我们在现实中什么都没有失去，我们仍然需要这种心态。因为只有具备了这种心态，我们才能忘掉过去的辉煌与荣誉，以更谦卑的态度，向更高的目标迈进。毫无疑问，这种心态，是一个人心智成熟的真正标志。

古时候一个佛学造诣很深的人，去拜访一位德高望重的老禅师。老禅师的徒弟接待他时，他态度傲慢。后来老禅师恭敬地接待了他，并为他沏茶。可在倒水时，明明杯子已经满了，老禅师还不停地倒。他不解地问："大师，为什么杯子已经满了，还要往里倒？"大师说：

“是啊，既然已经满了，干吗还倒呢?”访客恍然大悟。

这个故事告诉我们，做事的前提是先要有好心态。如果想要获取更多的知识、技能，获得更大的成就，就必须定期给自己的内心清零。正如一位哲学家所说，如一只杯子只能装250毫升水，可是由于不断地清空，它的一生可以装1万升水。

《穷爸爸富爸爸》里讲了一个故事：一个落魄的篮球明星来到一家洗车店里打工。老板要求他在擦车时摘下冠军戒指，以免将车划伤，但遭到了他的拒绝。他说，那枚戒指是他剩下的唯一荣耀，如果把它拿走，他就会崩溃。结果他被洗车店解雇了。

成功代表的永远都是过去，而我们却要生存于未来。所以，要想在将来也获得成功，我们就要拥有这种归零心态。海尔的张瑞敏曾说，我们主张产品零库存，同样主张成功零库存。只有把成功忘掉，才能面对新的挑战。海尔的年销售额数百亿元，张瑞敏从未有一丝飘飘然的感觉，相反，他时时刻刻向员工灌输危机意识，要求大家面对成功始终保持一种如履薄冰的谨慎。

成功仅代表过去，如果一个人沉迷于以往成功的回忆，那他就再也不会进步。对于有远大志向的追求者来说，成功永远在下一次。保持“归零”心态，才能不断发展创造新的辉煌。

对于李宁及600名李宁人来说，2004年是值得庆祝的一年，经过15年的努力和7年的等待，公司终于成功上市。但是，在2005年的春节年会上，李宁作为董事长在台上所讲的不过是下面这一段听上去毫无激情的话：

“这样的庆功会，在我做运动员时每年都开，几乎每次我都要上台讲话。但当我回到台下，我总要告诉自己：成功只代表过去，未来要从头开始。过去做运动员我时时告诫自己忘掉过去的荣誉，轻装上阵，现在做企业我也是这样要求大家：上市只代表过去的业绩，而未来还有更大的挑战要面对。”

正是抱着一种一切从头再来的归零心态，李宁才能一步步超越自己，超越过去。在某种意义上，归零心态其实就是一种虚怀若谷的精神。有了这种精神，人才能不断进步，企业才能不断发展。

巴顿将军曾经说过：“成功的考验并不是你在山顶时会做什么，而是你在谷底时能向上跳多高。”

我们由此认识到，衡量一个人是否成功的标准，不仅仅看他在高峰时如何进取，更要看他在低谷时如何腾飞。毫无疑问，一个拥有归零心态的人更容易获得成功。因为他们即使面对困境，也仍然充满斗志；即使变得一无所有，也能满怀信心重新开始；即使已经取得了众多的荣誉，也仍会以更加谦卑的态度不断超越自己。

第八章
爱让生活充满阳光
解开你幸福的密码

很多时候幸福不是你拥有得多，而是我们计较得少。而爱很多时候恰恰能给你这样的心态，让你知足，让你安逸，轻松地拥抱幸福。有爱的人生活是幸福的，因为在他们的世界里没有欲望和无谓的追逐。

第一节　心中有爱，处处有光

心中没有花香的人，势必难以发现花朵的鲜艳！心中没有阳光的人，势必也难以发现阳光的灿烂。罗曼·罗兰曾说："要散布阳光到别人心里，先得自己心里有阳光。"出色的艺术家能把丑陋的石头刻画成面带笑容的美丽雕像，平庸的路人却看不到路边美丽的景色，这一切都取决于人的心里是否装进了阳光。

某日，无德禅师正在院子里锄草，迎面走过来一位信徒向他施礼，说道：“人们都说佛教能够解除人生的痛苦，但我信佛多年，却不觉得快乐，这是怎么回事呢?”

无德禅师放下锄头，安详地看着他反问道：“你现在都忙些什么呢?”

信徒说：“人总不能活得太平庸了吧，为了让门第显赫，家人风光，我日夜操劳，心力交瘁啊。”

无德禅师笑道：“怪不得你活得不快乐，原来你心里装得都是苦闷和劳累，根本没有把温暖的阳光装进心里，你怎么能快乐呢?”

信徒顿悟，叩谢而去。

阳光给我们带来光明、绿色和希望。人生在世，心中也必须保留一缕明媚的阳光。只有这样，生活才能有声有色，有滋有味。

阳光并不仅仅指脸上绽放的笑容。它源于内心的一种感悟，源于内在的一种沉淀，更是对人生的一种解读。阳光，是一种温暖的感受；阳光，是一种积极的心态；阳光，是一种向上的精神。阳光，是思想的多彩和个性的完善，是言谈举止自然流淌出的浓浓爱意，更是一种人生开阔而明朗的境界。

一个成熟的心灵，最基本的要求是保持阳光般的心态和一张阳光般的笑脸。把阳光请进家里，放在心里。只要心里有了阳光，即使生活给予了你黄连似的苦楚，你也能在与阳光、露水相遇时，以乐观豁达把黄连、阳光、露水勾兑出人世间最可口的绿色饮料。

心里有了阳光，就会有一种积极、乐观的态度。这种心态是积极、知足、感恩、达观的一种心智模式。心态决定选择，选择决定命运。生命的质量取决于你心中阳光的分量。人的起点都是一样的，但只有心态好的人才能从阳光中吸取到能量，才能以一种积极乐观的态度去享受生命，体验别人体验不到的亮丽人生。

人与人的交往是平等的，理解与尊重也是相互的，你给我阳光，我就应该让你灿烂而不是给你乌云。

宁静以致远！对朋友真诚，就要敞开心扉，坦诚相见。对人对事，要给予信任和理解。不用猜忌，更无须去抱怨，让自己的心灵之湖荡漾清波，让自己的心灵充满阳光，用自己的博爱之心来感染他人，温暖他人。

爱自己，爱他人，爱社会，心灵就会少一些负担，多一些快乐！而在他人快乐的同时，自己的心情也会充满阳光！

享受阳光就是享受生活！往往朋友的一句问候与祝福，亲人的一丝关怀与关爱，都会让我们有如沐春风之感，常常会幻想着自己也能化为一缕阳光，去温暖朋友们的心房！

因为有爱，郁闷一扫而光；因为有爱，心房为大家打开；因为有爱，寂寞已经不在；因为有爱，处处都是信任与关爱！想对朋友们说：有爱的日子真好！有你们的爱真好！

心中有爱在，处处是阳光。

第二节　用爱构筑幸福的家园

一个人应当有爱，因为有爱的人才有力量迎接人间的一切幸福和痛苦，才能在幸福的时候体会到生活的乐趣，才能在痛苦的时候感受人间最美的真情。也只有爱，才能穿越人生的风雨，给心灵构筑爱的家园。

在美国洛杉矶，有一个醉汉躺在街头，警察把他扶起来，一看是当地的一个富翁。当警察说要送他回家时，富翁说：“家？我没有家。”警察指着远处的别墅说：“那是什么？”

“那是我的房子。”富翁说。

人们都会认为富翁的生活是幸福的，但有钱却并不一定能买到家庭的欢乐。如果只是住宅越来越大，爱却越来越少，那么生活照样没有滋味。没有爱就没有家，更没有幸福，只有用爱才能构筑幸福的家园。因为爱的力度，决定你的幸福度。

一个小伙子早年创业，血本无归，半个月下来，身无分文。但他血气方刚，不甘心如此狼狈地回去。有一天，他实在饥渴难忍，于是，他来到一家小饭馆，对老板说，只要给碗饭吃，要他做什么都行。

老板拒绝了，将他赶出面馆。就在他走投无路时，老板的女儿走了出来，说服父亲，而且亲自为他做了一碗打卤面。他感觉那是他一生中吃过的最好吃的东西，面条清爽可口，卤汁有滋有味。后来，他事业有成，老板的女儿成了他的妻子。每次做面，她都能用几样最普通的东西做出最可口的味道。

可是渐渐地，他对妻子厌倦了，在外面有了新欢，最后他向妻子摊牌。没想到，妻子很平静地接受了。说完便到厨房，开始为他做最后一次打卤面。他的心里很难受，心想以后再也吃不到这样的面了。

这碗打卤面做得很不好吃，面条煮过火了，卤汤里一点味也没有，甚至卤汁里还忘了放鸡蛋。他抬起头，很诧异地看着妻子，忽然，他发现妻子的眼睛里血红血红的。原来她刚才的镇定是装出来的，为了减少他的负罪感，她故作平静，强迫自己将悲伤藏到心底。其实，她是非常爱他的。在这种情况下，她心乱如麻，怎么可能做好面呢？

他流着眼泪吃完了这碗面，然后紧紧地抱住妻子，内疚地说："虽然现在每天都能吃上西餐和大餐，但这碗面条对我来说，在昨天重要，在今天更重要，比什么都好吃……我已准备吃上一辈子了！"妻子听完他的话，无声地哽咽起来，两人抱在一起，久久不放。

一碗做砸了的打卤面，挽救了这桩即将破裂的婚姻。

爱是什么？爱不是单纯的感激，它是心灵深处永远的惦念和关心。幸福的家园靠爱编织，没有爱的家庭是对心灵最大的摧残。有了爱，家才充满温暖。

在相守相伴的道路上，不管遇到怎样的情形，都要相互勉励与祝福，共同承受生活中的痛苦与磨难、幸福与快乐。一生一世，至爱至亲，这就是爱。唯有这样不朽的爱，才能穿越人生的风雨，长久守候幸福的家园。

家庭可以贫瘠，可以简单，却不能缺少爱。少了爱的家，只能是一座空空的房子。

在纷繁的世间，更需要拥有一颗爱的心灵：爱父母、爱子女、爱同甘共苦的伴侣。拥有了爱，不管是竹篱茅舍，还是高屋华堂，都能构筑出最幸福的家园。

第三节　幸福就是简简单单地享受爱

幸福，有的人一生在追求，却一生感觉不到它；有的人从未刻意追求，却时刻品尝着它；有的人在别人眼里已经很幸福了，而他自己却体会不到；有的人在他人看来很不幸福，而他却觉得十分幸福。幸福到底是什么？怎样才能拥有幸福呢？

其实，幸福只是一种感觉，它源于一颗感激的心。能够拥有融洽至爱的亲情、爱情、友情，就是真正的幸福。

有一个人，他生前善良且热心助人，所以在他死后，升上天堂，做了天使。他当了天使后，仍时常到凡间帮助人，希望感受到幸福的味道。

一日，天使遇见一个诗人，诗人年轻、英俊、有才华且富有，妻子貌美而温柔，但他却过得不快活。

天使问他："你不快乐吗？我能帮你吗？"诗人对天使说："我什么都有，只欠一样东西，你能够给我吗？"

天使回答说："可以，你要什么我都可以给你。"诗人直直地望着天使："我要的是幸福。"这下子把天使难倒了，天使想了想说："我明白了。"

然后天使把诗人所拥有的都拿走。天使拿走诗人的才华，毁去他的容貌，夺去他的财产和他妻子的性命。天使做完这些事后，便离去了。

一个月后，天使再回到诗人的身边，他那时饿得半死，衣衫褴褛地躺在地上挣扎。于是，天使把他的一切还给他。然后，又离去了。

半个月后，天使再去看诗人。这次，诗人搂着妻子，不住向天使道谢。因为，他得到幸福了。

只要心中有爱，珍惜自己所拥有的，一路走下去，幸福会始终跟着你。人生很奇怪，每每要到失去，才懂得珍惜。其实，幸福早就放在你的面前。肚子饿的时候，有一碗热腾腾的拉面放在你眼前，这就是幸福。累得半死的时候，扑上软软的床，也是幸福。哭得要命的时候，旁边温柔地递来一张纸巾，更是幸福。

法国哲学家让·雅各·卢梭说：“幸福就是在银行有一笔可观的存款，就是有好的胃口，并且有条件尽情享用各种美食。”

幸福本没有绝对的定义，在你需要的时候得到的满足，就是一种幸福！你所拥有的一切：在你穷途末路时，曾给过你鼓励和帮助的朋友；在你遇到挫折，心灰意懒时，曾给过你温暖和安慰的家人；在你饥寒交迫时，能够美美地吃上一顿饱饭；在你心急如焚，口干舌燥时，能够喝上一杯冰镇汽水，这种种的一切，都是你的幸福。珍惜现在你所拥有的，感到非常的满足，你就是最幸福的。幸福其实就这么简单。

曾经看过一对老人，或许是我认为见过最幸福的一对。其实他们只是一对流浪的夫妻，岁数已经很大了。见到他们时是在一个阳光明媚的午后，他们悠闲地在广场上走着，衣服虽然有些褴褛，可让我有些讶异的是他们居然像一对初恋的情人那样手牵着手。男人背着破旧的包袱，牵着女人很坚定地往前走着，女人则紧紧地跟着男人。

虽然他们看起来很落魄，但奇怪的是，他们的脸上竟然都有一种满足感，似乎根本没有看到周围人奇怪的眼光。我有些迷惑了，竟傻傻地站在那儿看着他们一直走远，我不明白为什么如此穷困潦倒，他们居然还可以活得这么悠闲自得，难道幸福有时真的可以这么简单吗？

只要你用心去看，其实幸福已经在你的身边了。想想吧，早上吃着家人为自己准备的早餐，在公司为自己亲手泡一杯最爱的玫瑰花茶；看看信箱里久未谋面的朋友发来的问候。这些其实都很简单，但是谁又能否认能拥有这一切的人不幸福呢？

有这么一则寓言：

一只小狗告诉它的妈妈："我有一个朋友跟我打赌，说只要我能抓到自己的尾巴，就能够得到最好的幸福，最大的快乐。我这一天就跳着蹦着追自己的尾巴，结果怎么抓也抓不着。妈妈，我这一辈子是不是就得不到幸福快乐了呢？为什么我连自己身上的东西都抓不着呢？"

小狗妈妈笑了："幸福和快乐就跟你自己的尾巴一样，它就在你的身上，永远都跟着你。你为什么非要抓住它不可呢？忘了它吧！"

幸福快乐，本身就是人生的一部分，刻意追求，反而会抓不住它。只要认真地生活，幸福快乐其实一直在我们身上。

第九章
爱能战胜人性的弱点
驱赶生活中的阴霾

从人性上来讲，爱的另一个重要的作用就是，完善人的性情，弥补人性的不足。

第一节　爱能驱赶消极的气场

如果你是一个团队的一员，当你在清晨走进公司的时候，会发现一种不同寻常的团队的“味道”。“嗨，今天大家不怎么兴奋?”你感受到了，许多人的眼光充满沮丧，做事也慢半拍。“听着，哥们儿，公司的股票下跌了，损失惨重。”“喂，老板卷款逃跑了，我们事实上已成为失业者!”类似这样的坏消息，它在一瞬间让团队成为消极的集体，毫无创造力，你置身其中，会感受到那种苦涩的具有强大传染性的气氛。这就是一种消极的气场。

相反地，比如，当你懒洋洋地走进公司，正想趴在桌上小睡一觉，因为昨晚你打了通宵的电子游戏，身体疲惫极了。但是你无法这样做，因为所有的人都在拼命工作，他们比你早来半个小时，现在已经进入了一种拼命向前冲的工作状态。我相信你立刻就像被浇了一盆凉水，你清醒了！马上变得像他们一样兴奋，融入团队的积极气场！是的，无论是积极还是消极的气场，它都会改造人！

日本的《禅海珍言》中记载了一则“哭婆”变“笑婆”的故事：

京都南禅寺前住着一位绰号“哭婆”的老太太，她雨天哭，晴天也哭，成年累月地以泪洗面，日子过得十分凄苦。

南禅寺的和尚问她：“老太太，你怎么总是哭呢？”

她边哭边答：“老方丈，你有所不知啊！我有两个女儿，大女儿嫁给了一个卖鞋的，小女儿嫁给了一个卖伞的。天晴的日子，我会想到小女儿家的伞卖不出去；下雨的时候，我又想到大女儿家的鞋肯定没人买。想到这些，我怎么能不伤心落泪呢？”

和尚劝她：“老太太，你不要哭，下雨也好，天晴也好，我们都应该感激生活，好好地过日子。天晴的时候，你应去想大女儿的鞋店肯定生意兴隆；下雨时，你该去想你小女儿的伞店一定卖得很多。”

老太太经他这样一点拨，当即“顿悟”，破涕为笑了。之后，她的生活内容虽说没有什么变化，但由于她观察生活的角度变了，也便由“哭婆”变为“笑婆”，整日里乐呵呵的，生活变得甜蜜和美，再也没有那些伤心事。

生活从来都是不完美的，如果你总是消极地看待问题，将缺陷放大，那么你眼前的世界将是黑暗无比。唯有那些心中充满了爱的能量，热爱生活、拥抱生活、感激生活、乐观上进的人，他们永远用最积极的态度对待生活，所以不管贫还是富，他们的气场永远是积极的，让人乐于接近的。

人生好比一杯茶，从茶叶在沸水中沉浮几许，散发出香远逸馨的醉人芬芳，到冷却，浓缩成平淡如水的生活，不过是短短的几十年。

所谓的成功与辉煌不过是茶香发挥到极致的那一瞬间，不要为了那样一个短暂的一瞬，而让更长久的时间处于对欲望的过度追求和贪婪中，而把自己陷入无尽的痛苦中，无法自拔。我们应该以一种平和的态度，微笑着面对生活中一切自然的恩赐。因为，一个良好的心态能够成就我们幸福美满的一生。

罗马帝国的开创者恺撒大帝有一次乘船出海，途中突遇狂风巨浪，水手们面对突如其来的灾难，个个惊慌失措，乱作一团，以为这次在劫难逃了。满船人只有恺撒稳坐船中，镇定自若。

他对着惊慌失措的人们大喝一声：“有我恺撒在你们怕什么！”此言一出，大家马上镇定下来，并同心协力战胜了风浪，安全返航。

人们都以为，恺撒得到了神助，其实，助恺撒的，是他对生活中的一切都做好了准备的这种稳定成熟处变不惊的心态。

不畏风浪，安之若素，方能成就不凡的人生。培养一种凡事都可为的态度是非常重要的。

有两个推销员被派往非洲去卖鞋。其中一个推销员在发回公司的电报上写道："立即返回。这里没有人穿鞋。"另一个则写道："绝佳机会，将能卖出100万双，因为这儿还没有人有鞋子。"

当你看到半杯水时，你会怎么形容它？是一杯半满的水，还是一杯剩下一半的水？当想到交通标志时，是先想到红灯，还是绿灯？小心点，你的人生态度就在此表现出来。记住，一个乐观的人当鞋子磨破时，只会觉得更"脚踏实地"，而不会觉得难堪。这就是积极的态度，而这种乐观向上的态度对你的影响是至关重要的。

在第二次世界大战期间，一个住在美国东部的新婚妻子，随先生驻防加州，住在靠近沙漠的营区里。营区里生活条件很差，先生是不想让太太跟着吃苦的，但是太太坚持一定要跟他去。

他们只找到了一间靠近印第安村落旁的小木屋，白天那里气温闷热难耐，连阴凉一点的地方都有40多度。风又总是一年到头呼呼地吹个不停，把尘土弄得到处都是。旁边住的全是一些不懂英语的印第安人，漫漫长日极其无聊。

一次，她的丈夫必须外出两周参加部队的演习，剩下她一个人在家，更是寂寞之至。于是，她写信给母亲说她要回家。母亲很快回信给她，信中写道："有两名囚犯从狱中眺望窗外，一个看到的是泥巴，一个看到的是星星。"

她看了看母亲所写的话，觉得很惭愧。"好吧！"她想，"我就去找那星星吧。"于是她走出屋外，和邻近印第安人交朋友，并请他们教她如何织东西和制陶。刚开始彼此还有点生疏，但是当他们了解到她真的是对这些有兴趣时，他们也真诚相待。她因此迷上了印第安文化、历史、语言及所有印第安人的事物。

不仅如此，她还开始研究起沙漠来了，很快地，沙漠在她眼里也从荒凉之地，摇身一变成为一处神奇美丽的地方。最后她成了沙漠专家，还写了一本有关沙漠的书。

是什么改变了她？绝不是沙漠或印第安人，只是她的态度的转变。由于对沙漠没有兴趣，转变成开始去积极与当地人沟通、交流，直至慢慢习惯和喜欢上这片沙漠。这位妻子仅仅因为心态的改变，不但把逆境改变为了顺境，自己也获得了开心的生活。

美国有一位伟大的哲学家威廉·詹姆斯曾经说过："我们这一代最伟大的发现是，人类可以经由改变态度而改变自己的生命。"

这个世界有太多的诱惑，我们应该以一颗纯美的灵魂对待生活，以清醒的心智和从容的步履走过岁月，以淡泊的心态对待生活中的繁华和诱惑。我们淡泊名利不是不思进取，不是无所作为，不是没有追求，而是让自己的灵魂安然入梦。这样的人将会给自己云朵一样的轻松，给别人湖泊一样的宁静。

我们要有一个积极乐观的心态去面对生活和现实。

第二节　爱让你保持永远的热情

拉尔夫·沃尔多·爱默生说："没有热情，永远干不成大事。"热情是一种素质，更是一种性格。伟大的热情能战胜一切，因此一个人只要有强烈的愿望，想要做成某事，并坚持不懈地追求，他就能达到目的。

全球知名影星尤勃连纳，这位向来以光头造型与敬业精神著称的影帝，在他的演艺生涯中，一直主演“国王与我”这出戏。这出戏从上演那年开始，一直演到他去世那年为止，一共长达53年之久。

如果没有热情，你很难想象尤勃连纳能够在他半个多世纪的演出生涯中，始终对同一出戏的演出认真严谨，让观众不断称赞。依据统计，尤勃连纳前前后后一共演出了4625场之多。换言之，平均每五天就演一场。因为他对演戏抱着无比的热忱，所以乐此不疲；因为他的专注，所以一路走来始终如一；也更因为他能持续练习，不断改进，才能创造出不平凡的事业。

据一项调查显示：43%的经理认为工作态度不好最容易被解雇。

现代职场风云变化，跳槽、兼职等成为了职场收听率最高的几个词，另外一个虽然大家并不常说，但它正是体现职场残酷性的一面，那就是被炒鱿鱼。任何一个在职场的人都不想让老板炒了自己的鱿鱼。但是现实中，总有一部分人会遭到解聘，伤心地离开公司。

那么，是什么让你失去了工作机会？是什么让你的公司对你做出这种无情的决定？是绩效考核不达标，工作态度不端正，影响团队的建设，与公司文化不符，还是经常违反公司的规定？在你接到公司要和你解除劳动合同通知的时候，有没有考虑自己是否尽力了？

很多时候，成功与其说是取决于人的才能，不如说取决于人的热忱。这个世界为那些真正具有责任感和自信心的人大开绿灯，到生命终结的时候，他们依然热情不减当年。无论出现什么困难，无论前途看起来是多么的暗淡，他们总是相信能够把心目中的理想图景变成现实。

如果不能使自己的全部身心都投入到工作中去，那么你无论做什么工作，都可能沦为平庸之辈。做事马马虎虎，只有在平平淡淡中了却此生。如果是这样，你的人生结局将和千百万的平庸之辈一样。

一个对生活，对工作都缺乏热忱的人，一定是一个无精打采的人，即使所有的机会都来到身边，也会稀里糊涂地把它们丧失殆尽。

不少人工作了一段时间之后，突然发现自己成了一个机器人，每天重复着单调的动作，处理着枯燥无味的事情。每天想的不是怎样提高工作效率，提升自己的业绩，而是盼望着能早点下班，期望着上司不要把困难的工作分配给自己。

这样的人，人生的目标只是过一天算一天，他们不断地抱怨环境、抱怨同事、抱怨工作，在工作中不思进取，在生活中不求上进，不由得陷入一个职业的困境中。

要想摆脱这样的困境，唯一的办法就是唤起自己的工作热情。带着热忱和信心去工作，全力以赴，不找任何借口。一个充满工作热情的人，会保持高度的自觉，把全身的每一个细胞都调动起来，驱使他完成内心渴望达成的目标。

热情是你工作最好的战斗力，同时你的生活也会因此而改变，进而洋溢出浪漫、温馨的气息。热情是一种强劲的激动情绪，一种对人、事、物和信仰的强烈情感。热情无疑是我们最重要的秉性和财富之一。不管你是否意识到，每个人都具有火热的激情，它是一个人生存和发展的根本，是人自身潜在的财富。只是这种热情深埋在人们的心灵之中，等待着被开发和利用。

对某件事情充满热情，意味着对某个既定项目感到兴奋。热情就是要对手头的工作产生强烈的兴趣。比如，如果你决定学一门新的语言，你必须全身心地投入，否则任何懈怠都会使你功亏一篑。

在你寻求成功的过程中，热情意味着你要对公司所做的一切深信不疑。你还要相信，你的工作是重要的，而且是为公司的事业所做的一份贡献。这就意味着，为了达到公司的目的，你要自愿放弃自己的目标。

真正的热情是，早上起床后就要精力充沛地去开始一天的工作。你要满腔热情地去工作和对待同事。这会使你得到提高，并成为更高层次的人。

热情还意味着，你要从自己的工作中受到激励，并能够发现新的挑战和保持专业的长进。此外，多数工作都有一些不太有趣而又难于做好的因素。这些地方正需要热情来发挥作用。

当你热爱你的工作时，使自己兴奋起来然后完成工作并不是一件很难的事情。困难的是，在那些缺乏兴趣的工作中你也要同样表现出色。

对一项工作或计划的热情通常会变成积极的力量。也就是说，如果你对一项计划感到兴奋的话，你就会迫不及待地开始去做并得到结果。只要你对工作有所期盼，就会使你更有成果，更有效率。你将会更有效地制订计划，并对细节十分关注。你会很小心地执行计划，力争取得最好的结果。

另外重要的一点是，那些被推上领导层的人通常是热情的人。如果人们要听从他的领导并实现共同目标的话，领导人必须要有热情。领导人必须要鼓舞他的下属。要鼓舞人，他就需要充分展示热情。在领导身上，这种热情会转化成个人的领袖魅力。

增强热情，大多数人并不是天生杰出的——他们是逐渐开始杰出起来的。同样，也并不是每个人都属于那种热爱工作的热情型。但是，不要绝望，总会有方法让你变得满怀激情的。

有种激发热情的好方法，就是阅读有关成功者的书籍。这会使你认识到，你也可以使自己获得成功。通过阅读真实的成功事例，你会经常地了解到，与你相差无几的很多人已经成为商界要人。在多数情况下，他们有着共同的特点：热情。

如果你想获得成功的话，你应该对你的工作、生活和你的同事满怀热情。热情是你最好的战斗力。

第三节　用爱提升你的精神高度

成大事者，与艰苦奋斗的精神相伴而生。

古希腊的斯巴达，为了抵制外侮，对其公民从少儿时期起就进行严格的军事化训练，尚武氛围使昂扬、雄健的品格意志成为时代精神的基调。古希腊的灿烂文化和艺术从一定意义上讲就是靠这种精神滋养出来的。至今我们仍然能够从《掷铁饼者》《刮污泥者》等传世艺术作品中，感受到那个时代的勃勃生机和活力。

许多国家的军事院校平时对学员体能和技能训练的要求相当严格，不付出大量的汗水就很难通过这些标准。单纯从参与战事的角度讲，有些训练项目显然是不必要的。但正是这些“自讨苦吃”的艰苦生活和训练，造就了作为一个战士应有的精神品格——无所畏惧的气概、不屈不挠的意志、自强不息的斗志、团结协作的意识和生机勃勃的风貌。

享受美好的生活是人们创造、奋斗的精神动力，但人们对美好生活的享受一旦把握不当，又会腐蚀、吞没奋发向上的精神。面对“享受”的这种悖论，苏东坡早在一千多年前就感叹说：“忍痛易，忍痒难；处贫贱易，处富贵难。”一位外国哲学家干脆认定：“人生的幸运，就是保持适度贫困。”这些论断也许不尽正确，但它们的确是发人深省的。

我们并不赞美、更不想固守贫困，相反，要为消灭贫困做出不懈的努力。当我们还比较贫穷的时候，要有“先天下之忧而忧、后天下之乐而乐”的情怀，不攀比、不叫屈、安于清贫、甘于奉献。即使日子好过了，也要勤俭节约、精打细算，不“烧包”，不靡费，防止奢侈性、攀比性消费，保持艰苦朴素的生活作风、昂扬健康的生活方式和紧张有序的生活制度，努力提升我们的精神高度，使之不仅高踞于贫穷之上，而且高踞于富裕之上，在任何情况下都能做到精神不败。

我们所处的是一个狂热追逐金钱的时代。然而，一个奇怪的现象却是，虽然身处这样的时代，那些衣衫褴褛、身无分文的作家和艺术家，衣着朴素的大学校长，在社会上反而更有声望，媒体也更愿意不惜篇幅来报道他们的行踪或活动。

之所以有这种反差，也许要归因于追求知识和追求财富是两种不同性质的活动。前者有更多正面的影响，而后者存在着很大的负面作用。我们几乎可以肯定地说，在以金钱至上的世界里，凡是有一个人获得了成功，就必定是以成百上千竞争者的失败为代价的；而在知识和品格的世界里，一个人的成功同时也是对社会的贡献，这几乎可以说是一种规律。

两度出任英国首相的政治家约翰·罗素说："在英国，所有的政党都有一种天然的倾向，他们都试图寻求天才人物的帮助，但最后只接受那些具有伟大品格的人作指导。"

"通过培养品格与个性，最后我获得了真正的力量。"英国著名政治家坎宁在1801年写道，"我并没有尝试过其他的途径。我也相信，这条路也许不是最便捷的，却是最稳妥的，对这点我十分乐观。"

对一台机器，我们可以根据它所能够承受的最大压力来检测它的性能，但房间的温度也许就会决定它的性能。然而，对一种伟大的品格与个性来说，谁又能估算出其内在的力量呢？

无论在哪一个国家，总会有这样一些人，他们甚至不用发号施令，就可以实现自己的目的。他们的影响力和自身的能力几乎不成比例。人们也难免感到诧异，究竟是什么原因，使人们这么容易就听命于他们？其实这不奇怪，所有阶级的人都会敬仰并追随那些具有伟大品质的人，因为品格就是力量。

在物欲横流的世界里，品格与个性更显得强大无比。金钱，也只是创造了物质，但品格与个性却为人类留下了精神的东西，它激励着一代又一代的人。金钱没了，便没了，精神却足以永恒，这便是其力量所在。

时间每一分每一秒在过去，金钱在被创造着，幸福与灾难在发生着，然而，真正引领我们向前的却是伟大的品格与个性，真正让我们觉得生存的意义的是人类的精神而非单纯的物质。

那么，用热爱来提升你的精神高度，赞美品格与个性吧，让它为你引路吧。当你的精神高度提高了，你才能在得失之间，轻松自如。人生就是在失与得之间来回摆动，像钟摆一样，永不停息。从结果来看，人生最多的是失，而非得。这就让很多人感叹自己得到的太少，而失去的太多。其实，失与得都是人生的常态，如果我们能够以一颗平常心来看待它，我们就不会在得与失之间失去平衡。

一只船在风浪中沉了，唯一一位幸存者被风浪冲到了一座荒岛上，每天，这位幸存者都翘首以待，希望有船来将他救出。然而，他盼到“花儿都谢了”，还是没有船来。

为了活下去，他辛辛苦苦地弄来了一些树木枝叶给自己搭建了一个“家”，每天，他默默地向上帝祈祷着。然而，不幸的事发生了。一天当他外出寻找食物时，一场大火顷刻间把他的家化为了灰烬，他眼睁睁地看着滚滚浓烟消散在空中，悲痛交加，眼中充满了绝望。

第二天一大早，当他还在痛苦中煎熬时，风浪拍打船体的声音惊醒了他，原来一只大船正向他驶来。他得救了。

“你们是怎么知道我在这里的？”他问。“我们看见了你燃放的烟火信号。”

人的一生，总在得失之间，在失去的同时，也往往会另有所得，只要认清了这一点，就不会因为失去而后悔，更不会因为得到而狂喜。

现实世界里，没有一个人的生命会是完整无缺的，每个人都少了一样东西。有人夫妻恩爱、月入数十万，却是有严重的不孕症；有人才貌双全、能干多金，情字路上却是坎坷难行；有人家财万贯，却是子孙不孝；有人看似好命，却是一辈子脑袋空空。

台湾有一个企业家，他喜欢玄学，对此感悟颇多。每每有迷茫的人请他指点人生时，他总是会说一句话：当你看到你的某个地方非常漂亮的时候，一定要注意其他地方肯定存在着一个大坑。

人生就是如此，从没有人能够十全十美。每个人的生命，都被上苍划上了一道缺口，你不想要它，它却如影随形。如果你憎恨这道缺口，你就不会明白生命的意义。因为人生的缺口仿若我们背上的一根刺，它在时时提醒我们要谦卑，要懂得怜恤。

若没有苦难，我们会骄傲；没有沧桑，我们不会以同理心去安慰不幸的人。你要相信，人生不可以太圆满，有个缺口让福气流向别人是很美的一件事。你不需拥有全部的东西，若你样样俱全，别人吃什么呢？认识到这一点，我们就不会再去与人做无谓的比较了，反而更能珍惜自己所拥有的一切。

所以，不要再去羡慕别人如何如何，好好数算上天给你的恩典，你会发现你所拥有的绝对比没有的要多出许多，而缺失的那一部分，虽不可爱，却也是你生命的一部分，接受它且善待它，你的人生会快乐豁达许多！失去的已经失去，也许今生都无法得到，但你会得到另外的一切。没有了爱情，你还有亲情、友谊，你还有事业；没有了双腿，你还有双手，依然可以去耕耘幸福的领地，开拓人生美好的前景。

其实，成功是得，也意味着失。一个人的成长不在于有无得失，而在于如何得失。得可以是荣耀，失可以是尺度。得失对于智者并不算什么，对于耿耿于怀者则斤斤计较，惶惶于失去一丁点儿利益。但智者千虑，必有一失。人不可能什么都得到，啥都想得到的人，有时反而会失去更多，关键是得到的东西大多杂乱无章，没有一点儿头绪。得不是胜利，失也不是失败。获得是好事，失去未必就是坏事。放得开才进得来，为生存而失去，为进步而创新，这是人生成功的哲理。

2000年12月17日，在英国的曼彻斯特城，英格兰超级足球联赛第18轮的一场比赛在埃弗顿队与西汉姆联队之间紧张地进行着。比赛只剩下最后一分钟时，场上的比分仍然是1∶1。这时，埃弗顿队的守门员杰拉德在扑球时扭伤了膝盖，球被传给了潜伏在禁区的西汉姆联队球员迪卡尼奥。

球场上原本沸腾的气氛顿时静了下来，所有的人都在等待。迪卡尼奥离球门只有12米左右，无须任何技术，只需要一点点力量，就可以从容地把球打进没有了守门员的大门。那样，西汉姆联队就将以2∶1获胜。在积分榜上，他们因此可以增加两分，而且，在此之前，埃弗顿队已经连败两轮，这个球一进，就将是苦涩的“三连败”。

在几万双现场球迷的目光注视下，迪卡尼奥没有踢出“决胜的一脚”，而是弯下腰，把球稳稳抱到怀中……

全场因惊异而出现了片刻的沉寂，继而突然掌声雷动。如潮水般的掌声，把赞美之情献给了放弃打门的迪卡尼奥。

你可以说迪卡尼奥失去了胜利，但你却不得不承认他获得了一种更大意义上的成功。其实，每个人都是如此，如果你抛掉了功利意义上的得失之心，你不但会活得更加幸福，而且你会获得更多。

第四节　爱能提高你的自信力

日本著名指挥家小泽征尔有一次到欧洲参加指挥家大赛，在进行前三名决赛时，他被安排在最后一个参赛。评委交给他一张乐谱，正演奏中，小泽征尔突然发现乐曲中出现不和谐的地方。开始他以为是演奏家们演奏错了，就指挥乐队停下来重奏一次，仍觉得不自然。

这时，在场的权威人士都郑重声明乐谱没问题，而是他的错觉。面对几百名国际音乐权威，他不免对自己的判断产生动摇。但是他考虑再三，坚信自己的判断是正确的，于是大吼一声："不！一定是乐谱错了！"他的喊声一落，评委们立即向他报以热烈的掌声，祝贺他大赛夺魁！原来这是评委们精心设计的"圈套"，以试探指挥家们在发现错误，而权威人士又不承认的情况下，是否能坚持自己正确的判断。

小泽征尔因为对音乐的爱，而让他充满自信，而热爱也提升了他的自信力。无论我们现在处于什么状况，一定要相信自己是最棒的，这样你才会有自信。而只有拥有自信，你才会成功。不要把自己当作鼠，否则肯定被猫吃掉！生命对所有人都是平等的，只是看你对它的态度，如果你充满自信，那么快乐将会伴随你一生。但是，如果你充满悲观，那么你伤心的事一定比快乐的事来得多。

有一位女歌手，第一次登台演出，内心十分紧张。想到自己马上就要上场，面对上千名观众，她的手心都在冒汗："要是在舞台上一紧张，忘了歌词怎么办?"越想，她心跳得越快，甚至产生了打退堂鼓的念头。

就在这时，一位前辈笑着走过来，随手将一个纸卷塞到她的手里，轻声说道："这里面写着你要唱的歌词，如果你在台上忘了词，就打开来看。"

她握着这张纸条，像握着一根救命的稻草，匆匆上了台。也许有那个纸卷握在手心，她的心里踏实了许多。她在台上发挥得相当好，完全没有失常。

她高兴地走下舞台，向那位前辈致谢。前辈却笑着说："是你自己战胜了自己，找回了自信。其实，我给你的，是一张白纸，上面根本没有写什么歌词!"

她展开手心里的纸卷，果然上面什么也没写。她感到惊讶，自己凭着握住一张白纸，竟顺利地渡过了难关，获得了演出的成功!

"你握住的这张白纸，并不是一张白纸，而是你的自信啊!"前辈说。

歌手拜谢了前辈。在以后的人生路上，她就是凭着握住的这份自信，在自己的演唱生涯上取得了很好的成绩。

拥有了自信，一双脚就能踏尽大漠沙海，一双手就能雕绘出莫高窟的金碧辉煌；有了自信，脚下就能飘起"丝绸之路"，身后就会有"丝路花语"；有了自信，葛洲坝就能"截断巫山云雨"，"神舟号"亦能遨游于神秘天宇。

美国的爱默森曾经说过："自信是成功的第一秘诀。"它是激励自己奋发进取的一种心理素质，是以高昂的斗志，充沛的干劲迎接生活挑战的一种乐观情绪。更是战胜自己，告别自卑，摆脱烦恼的一种灵丹妙药。

李白发出了"仰天大笑出门去，我辈岂是蓬蒿人"的感叹，自信"天生我材必有用，千金散尽还复来"，最终他成为了一代诗仙。

毛泽东写下了"自信人生二百年，会当击水三千里"，"数风流人物，还看今朝"的豪言壮语，最终他克服重重困难，成为了一代伟人。而所有的成功，都来源于他的自信。

一次，我去拜访一位公司主管。在他的办公室，看到两幅漫画：一幅满脸都是笑，眉毛、眼睛、鼻子、嘴都向上，弯弯的像月牙，从上面往下掉的金元宝都接住了，一个也没掉在地上。

另一幅则满脸都是气，眉毛、眼睛、鼻子、嘴都朝下，一撇一捺，像斗笠，从上面往下掉的金元宝都落在了地上，一个也没接住。我看了，忍不住笑了。

"你不是总问我成功的秘诀吗？如果有的话，这就是。"主管微笑着说。

我看着这两幅画，有些疑惑："就这个？"

"对，就这个。我每天早晨走进办公室，每当我遇到难题的时候，我都会看着它，它会对我说：任何时候，都选择快乐，拥有自信！"

"可有些事情是痛苦的，你怎么选择快乐，怎样从中获得自信？"

主管又给我讲了一个故事：有个年轻人，家在郊区农村，每天到城里来上学。可是他高中毕业后没有考上大学，别人都以为他会垂头丧气，没想到他却高高兴兴地回家，搞起了科学养鸡，不到两年就致富了。

他用自己赚的钱，给家里盖了三间大瓦房。按照当地习惯，盖房上顶梁时要放鞭炮请客。上梁那天，街坊邻居都来了，杀猪宰羊放鞭炮，十分热闹。就在大家兴高采烈地喝酒吃饭的时候，只听“轰”的一声，梁塌了！砸得满地尘土。

大家都愣住了，不知说什么好。这时，就听有人哇的一声哭了起来，这位年轻人一看，是他姐姐。他就说：“哭什么？你哭它就立起来了？”说着，他端起酒杯，对众人说：“来，大叔大婶们，咱们接着喝！梁倒了，再上一次！正好咱们街坊邻居又多了一次喝酒的机会！后天中午还请大家再来！”

这件事儿，后来不知怎么传到一位公司经理那儿，他们公司新开发了一个项目，正在招人，可是销售经理一直没有找到合适的人选。他听说后，就找到那位年轻人，说服他加盟自己的公司。

当时公司的其他负责人都不同意，认为那位年轻人没有学历，没有经验，不能胜任这项工作。

可是这位经理听了却说：“那没关系。因为我们不是用他20天，而是准备用他20年。所以你们说的这些，他会有时间学会的。可是，他这种乐观自信的性格，却不是别人可以花时间学会的。我看中的正是这一点。”这位经理力排众议，起用了那位年轻人。

“那么后来呢？那位年轻人怎么样了？”我不断地追问。

“后来，那位年轻人果然不负所望，用了不到一年的时间，就开发占领了整个东北市场，三年后，产品遍及全国并出口到国外。后来，他成了这家公司的主管，现在，他就坐在你面前。那个年轻人就是我。”

我惊诧地看着他，又转身看看墙上的那两幅画，领悟到了他的意思：有快乐，才会自信，才能飞得更高。

在这个世界上，有人生活在贫困里，自卑而羞涩；有人却靠自己的双手创造财富，为自己搭起一座城堡。有人在失败的阴影中徘徊，有人却擦干泪水重新起程，坚信明天会是更美好的一天。有人在别人的质疑声中摇摆不定，有人却自信依旧地走自己的路。如果我们把人简单的分成两类的话，我们相信，最好的标准就是“自信”和“不自信”。

一般来说，缺乏自信心，就很难客观地肯定自己。尤其是遇到挫折后，最容易发现自己的缺陷，如知识贫乏、能力不强、笨嘴拙舌。这种时候，缺乏自信心的人会自然而然地把这些缺陷当成包袱背起来，老是压在心头，最终连自己的优点和长处也看不到了。而且，做事缺乏自信的人，往往不能够对发生的事情做出正确的判断，以至于影响事情的结局。

美国前总统尼克松就是因为缺乏自信，毁掉了自己的政治前程。1972 年，尼克松竞选连任，在竞选形势大好的情况下，不自信的尼克松竟鬼使神差地指派手下的人对竞争对手进行窃听。事发之后，又连连阻止调查，推卸责任。结果，虽然竞选获胜，但不久便因此事件而被迫辞职。

但凡成功的人，无不拥有自信，灰心丧气的人永远都不会成功！想干一番事业的人，最重要的要自信。连自己都不相信自己，如何干事业？大千世界，百家百行，要想在竞争激烈的行当中站稳脚跟，除了靠智慧外，最重要的就是自信！

第五节　爱能增强你的意志力

意志力是人格中的重要组成因素，对人的一生影响重大。人们要获得成功必须要有坚强的意志力作保证。先贤孟子说过：“天将降大任于斯人也，必先苦其心志，劳其筋骨，饿其体肤，空乏其身，行拂乱其所为，所以动心忍性，曾益其所不能。”这段话，生动地说明了意志力的重要性。要想投身于自己所热爱的事业，实现自己的理想，达到自己的目的，需要具有火热的感情、坚强的意志、勇敢顽强的精神，克服前进道路上的一切困难。

在美国有这样一个故事：有一位青年在一家公司做得很出色，他为自己描绘了一幅灿烂的蓝图，对前途充满信心。突然这家公司倒闭了，这位青年认为自己是世界上最不幸，最倒霉的人，他垂头丧气。

但是他的经理，一位中年人拍了拍他的肩说：“你很幸运，小伙子！”“幸运？”青年人叫道。“对，很幸运！”经理重复一遍，他解释道：“凡是青年时候遭受挫折的人都很幸运，因为你可以学到如何坚强。如果一直很顺利，到了四五十岁，忽然受挫，那才叫可怜，到了中年再学习，实在是太晚了。”

经理用过来人的经验告诉了青年：年轻时候遇到一点挫折并不算

什么，只要我们能够挺住，过后回头再看，那些所谓的挫折，恰恰是我们成功的基础。

失败不一定是成功之母，但意志坚强却一定是成功的保证。世上的成功，很少有顺顺利利的，缺少了坚强的意志，我们就很难跨越那些沟沟坎坎，也很难取得最后的成功。

1984 年 4 月的一天，资阳县的一个专业户找到刘永好兄弟，一下子就下了 10 万只小鸡的订单，这可是笔大买卖！被冲昏了头的刘氏兄弟马上借了一笔数额不小的钱，购买了 10 万个种蛋。但他们万万没有想到的是，2 万只小鸡孵出来交给这个专业户之后不久，他们便听说这个专业户跑了。他们去追款，发现交给这个专业户的 2 万只小鸡，一半在运输途中闷死了，一半在家里被大火烧死了，对方已经是倾家荡产。

“下单的人已经跑了，他老婆跪在地上，让我们饶了他。看到这样子，我也没有什么好说的。但剩下几万只小鸡马上就要孵出来，而我们又没有饲料，这时候又是农忙时节，农民不会要，借的钱又要马上还，我们真的是绝望了。”回忆起当时的情景，刘永好的语气中还是透露出一丝悲凉。

走投无路之下，兄弟们一碰头，商量着究竟是从岷江的桥头跳下去，还是隐姓埋名远遁新疆。那次会议，真有种“风萧萧兮易水寒，壮士一去兮不复还”的感觉。最终，他们决定留下来，不逃、不躲，正视并解决这个问题。

想来想去，既然农民不要，就把种蛋和小鸡卖给城里人。于是，兄弟四人连夜动手编起了竹筐……

刘永好带着鸡仔去农贸市场卖，一竹筐鸡仔加一个瘦弱的人，撑死了也占不了多大地方。但农贸市场上的商贩们一个个都有自己的势力范围，彼此寸土不让。刘永好初来乍到，想在他们的身边安营扎寨，门都没有！磨蹭了一天，他也没有找到安身之处。但是，鸡仔是不能带回去了，晚上向一位好心的大爷借了一个板凳，坐了一宿。

人就是这样，没有逼到分上，谁都不知道自己的潜力有多大。当你坚持到不能再坚持，执着到不能再执着的时候，事情也就成了。第二天，刘永好终于靠自己的诚恳得到了一个地方。这一天，一竹筐的鸡仔总算是卖完了。

其他的兄弟和刘永好一样，连着十几天，天天都是凌晨四点就起床，风雨无阻，蹬3个小时的自行车，赶到20公里以外的农贸市场，再用土喇叭扯起嗓子叫卖。连他们也没有想到，虽然身上掉了十几斤肉，下雨天里摔得跟泥猴一样，但8万只鸡仔竟然全部卖完了！

如果没有这种坚强的性格，就不会有今天的刘永好。如今，刘永好领导的新希望集团已经成为包含房地产、高科技、化工、金融等多项产业的多元化大型集团，而刘永好也曾经一度登上过《福布斯》排行榜内地富豪第一名的位置。

一个意志坚强的人，在任何的艰难困苦之下，都能给自己和他人带来力量。人都应该学会坚强，懂得坚强。坚强是一个人战胜困难的法宝，相信坚强的力量，会让你尽快逃出困苦。

虽然很多人都在谈坚强，但他们只是把坚强挂在嘴边，一旦遇到挫折，他们还是不能勇敢地面对。只有走过黑暗与沉重的人，才能明白坚强的含义。因为经历过了岁月的历练，他们已经明白，所谓的坚强，就是化挫折为动力，化消极为积极，永远保持一颗坚忍的心。

用生命诠释什么是意志坚强的例子太多太多。霍金、海伦、司马迁……他们的经历一再证明，生活中对于坚强的呼唤与需要几乎是普适性的：升学、事业、失恋，甚至生老病死等。人们赞美这些人，不仅仅是因为他们的成功，更因为他们面对挫折时的那份坚强的意志和对自己所从事的事业的无限热爱。

第六节　爱让你用心做好每一件事

只有热爱自己的工作，才能专心于自己的工作。如果你抱着混饭吃的态度对待工作，那么，工作对于你来说，是一种负担、是一种痛苦，要么你迟早放弃工作，要么工作迟早会抛弃你。可是你如果没有了岗位，没有了工作，又如何生存呢？更谈不上自我发展了。因为热爱，才能让你用心做好每一件事情。

一个人从步入职场生涯的第一天开始，就要努力弄清楚自己要干什么，自己能干什么，自己怎么去干，从而选定自己的工作岗位和奋斗目标，这是做好工作的必要条件。但很多的人终其一生也没有找到自己热爱的工作，更谈不上发挥自己的潜力和能力了。因为不热爱工作，所以，能力无法得到最大限度发挥，潜能也无法最大限度地开掘。

人在慢慢地长大，童年的梦想已经离我们越来越远。然而随着年龄的增长，苦恼也在增加。在工作之余，我们常常不知道自己该做些什么。风霜的磨砺和肩上的重担时时让我们不知所措，那么，从现在开始，用心做好每一件事。

有一个3只钟的故事：

一只新组装好的小钟放在了两只旧钟当中。两只旧钟“滴答”“滴答”一分一秒地走着。

其中一只旧钟对小钟说：“来吧，你也该工作了。可是我有点担心，你走完三千二百万次以后，恐怕便吃不消了。”

“天哪！三千二百万次。”小钟吃惊不已。“要我做这么大的事？办不到，办不到。”

另一只旧钟说：“别听它胡说八道。不用害怕，你只要每秒滴答摆一下就行了。”

“天下哪有这样简单的事情。”小钟将信将疑。“如果这样，我就试试吧。”

小钟很轻松地每秒钟“滴答”摆一下，不知不觉中，一年过去了，它摆了三千二百万次。

每个人都希望梦想成真，成功却似乎远在天边，遥不可及。倦怠和不自信让我们怀疑自己的能力，甚至放弃努力。其实，我们不必想以后的事，一年、甚至一月之后的事。只要想着今天我要做些什么，明天我该做些什么，然后努力去完成每一件事，就像那只钟一样，每秒“滴答”摆一下，成功的喜悦就会慢慢浸润我们的生命。

一只小毛虫趴在一片叶子上，用新奇的目光观察着周围的一切：各种昆虫欢歌曼舞，飞的飞，跑的跑，又是唱，又是跳，到处一片生机勃勃。只有它这个可怜的小毛虫被抛弃在一旁，既不能跑，也不能飞。

小毛虫费了九牛二虎之力，才能挪动一点点，当它笨拙地从一片叶子爬到另外一片叶子的时候，自己觉得就像是周游了整个世界。

尽管如此，它并不悲观失望，也不羡慕别人。它懂得：每个人都有自己该做的事，只要做好自己的事就很好了。

它这样的一只小小的毛虫，应该学会吐纤细的银丝，为自己编织一间牢固的茧房。

小毛虫一刻也没有迟疑，尽心竭力地做着自己的工作，临近期限时，它把自己从头到脚都裹进了温暖的茧子里。

“以后会怎么样?”与世隔绝的小毛虫问。

“一切都会按自己的规律发展，你只要认真做好每一件事就可以了。”小毛虫听到一个声音在回答：“要耐心些，以后你会明白的。”

有一天，小毛虫突然醒过来，它灵巧地从茧子里挣脱出来，但它已不再是以前的那只小毛虫了。它惊喜地发现自己身上生出一对轻盈的翅膀，上面布满了色彩斑斓的花纹。它高兴地舞动了一下双翅，竟像一团绒线，从叶子上飘然而起，它飞呀，飞呀，渐渐地消失在蓝色的暮霭之中。

任何成功都是由一点点的小事情，小成功积累出来的，不必跳脚远望那看不到头的目标，认真做好眼前的每一件事，你就会向着目标迈进了一步。

滴水足以穿石。你每一天的努力，即使只是一个小动作，持之以恒，都将是明日成功的基础。所有的努力，所有一点一滴的耕耘，在时光的沙漏里滴逝后，萃取而出的成果将是掷地有声，众人艳羡的“成功之果”。

有一位画家，举办过十几次个人画展。开始无论参观者多少，脸上总是挂着微笑。有一次，我问他：“你为什么每天都这么开心呢?”

他给我讲一件事情：小时候，我兴趣非常广泛，也很要强。画画，拉手风琴，游泳，打篮球，必须都得第一才行。这当然是不可能的。于是，我心灰意懒，学习成绩一落千丈。

父亲知道后，找来一个漏斗和一捧玉米种子。让我双手放在漏斗下面接着，然后捡起一粒种子投到漏斗里面，种子便顺着漏斗滑到了我的手里。

父亲投了十几次，我的手中也就有了十几粒种子。然后，父亲一次抓起满满的一把玉米粒放在漏斗里面，玉米粒相互挤着，竟一粒也没有掉下来。

父亲对我说：“这个漏斗代表你，假如你每天都能做好一件事，每天你就会有一粒种子的收获和快乐。可是，当你想把所有的事情都挤到一起来做，反而连一粒种子也收获不到了。”

生活非常有规律，要一点点地进行，不必急功近利，操之过急。饭要一口一口吃，事情也要一件一件地做，每天进步一点点，每天做好一件事，成功已经在向你靠近。

下篇

传播爱的能量，让爱无处不在

第十章
让社会充满爱，传递正能量

爱社会是一种社会责任感的体现。只有把个人的小爱融入到社会的大爱中才能体现出人存在意义。树立社会爱心，传递爱的正能量是每个社会中人所应该做的事情。“赠人玫瑰，手留余香”，传递爱，就是传递精神的芳香。

第一节　相信爱，传递爱

每个人都有对生活和未来强烈的爱。我们爱山水、爱花草、爱鸟类；我们爱父母、爱师长、爱朋友。天地间的每一个角落都传递着爱的信息，让它们感觉到，有爱的世界真美好。

爱无处不在，生活中处处需要爱。爱是沙漠里的一泓清泉，是枯树的一片新绿，是生病时的一声问候，是夜空中一颗颗闪耀点缀的星星……当然，爱心需要传递，但传递的不只是一种形式，更是一种过程的享受。

有这样一个故事：一位心地善良的小女孩，常常帮助别人，但当人们问她："我该怎么感谢你才好呢?"她总是笑着说："把爱心传递下去，当你帮助其他人时，也告诉他们同样的话，让大家把爱心传递下去，这世界就充满爱了!"

这个小女孩是多么纯真，多么善良啊!

爱是世界上最纯洁，也是最温暖的。爱是无限的、爱是不朽的。每个人都拥有爱，每个人也会在爱的关怀下成长。爱就是一道无瑕的光芒，它时刻照亮着我们的未来。让我们勇往直前，永不停歇。

爱心，有时可能仅仅是对孩子的一份耐心，对同事释放的一种宽容，是一个真诚的微笑，是一次对陌生老人热心的搀扶。这些对许多人来讲都是一些举手之劳的小事，却能使他人感到这个社会的温情，使周围的人受到教育和影响。

每天都有一些让人感动的爱心，呈现在我们面前，每天都有一些在危难疾病中的人们，得到帮助。爱心行动在一定程度上弥补了竞争社会的缺陷，让更多的人体会到社会的温暖，给不幸者点燃了希望的火炬。

所以我们应当时时记住：我们曾经得到过很多人的帮助！我们能有今天，并不完全因为我们的才能或勤奋，而是有各种机遇和偶然因素在里面。这种认识，会使我们对他人、对自然、对社会饱含一份感恩之心。没有爱，就不可能有健全的精神。

我们平凡如一滴露珠，我们普通如一片绿叶。但是因为有爱，在我们平凡的日子里记载着许多不平凡的事迹，在我们普通的生命里谱写了许多不普通的乐章。一滴水虽小，但它能折射出整个太阳的光芒。我们的爱心，让悲观者前行，让往前走的人继续走，让幸福的人更幸福。

小明和妈妈去逛书店，在书店的旁边，他们看到一辆献血车，上面贴着“献血挽救生命”的大横幅，络绎不绝的人都走了进去，小明不禁感慨道：生活中的爱真是无处不在，爱心的力量竟是如此强大，如果全世界人民都万众一心，将爱传递下去，这个世界将多么美好啊……

因为传递爱心是一件如此美好的事，它让人学会了奉献，学会了给予，净化了内心最纯净的一角。

赠人玫瑰，手留余香。而世界上最美的花是爱心之花。相信爱，付出爱心，社会就会更加和谐，生活就会更加美好。我们诚心希望处于贫穷、困难的人，都会得到朋友的爱，兄弟姐妹的爱，社会大众的爱。我们诚心希望大家献出爱心，对弱势群体给予援助，共同筑起真爱的未来。

第二节 对社会无私的付出和奉献

“奉献精神”是一种爱，是对自己事业的不求回报的爱和全身心的付出。对个人而言，就是要在这份爱的召唤之下，把本职工作当成一项事业来热爱和完成，从点点滴滴中寻找乐趣。努力做好每一件事，认真善待每一个人，全心全意为社会工作和服务。

1955年，张海迪出生在山东半岛文登县的一个知识分子家庭里。5岁的时候，她胸部以下完全失去了知觉，生活不能自理。医生们一致认为，像这种高位截瘫病人，一般很难活过27岁。

在死神的威胁下，张海迪意识到自己的生命也许不会长久了，她为没有更多的时间工作而难过，因而更加珍惜自己的分分秒秒，用勤奋的学习和工作去延长生命。她在日记中写道："我不能碌碌无为地活着，活着就要学习，就要多为群众做些事情。既然是颗流星，就要把光留给人间，把一切奉献给人民。"

1970年，她随带领知识青年下乡的父母到莘县尚楼大队插队落户，看到当地群众缺医少药带来的痛苦，便萌生了学习医术解除群众病痛的念头。她用自己的零用钱买来了医学书籍、体温表、听诊器、人体模型和药物，努力研读了《针灸学》《人体解剖学》《内科学》《实用儿科学》等书。为了认清内脏，她把小动物的心、肺、肝、肾切开观察，为了熟悉针灸穴位，她在自己身上画上了红红蓝蓝的点儿，在自己的身上练针体会针感。

功夫不负有心人，她终于掌握了一定的医术，能够治疗一些常见病和多发病，在十几年中，为群众治病达1万多人次。后来，她随父母迁到县城居住，一度没有安排工作。她从保尔·柯察金和吴运铎的事迹中受到鼓舞，从高玉宝写书的经历中得到启示，决定走文学创作的路，用自己的笔去塑造美好的形象，去启迪人们的心灵。她读了许多中外名著，写日记、读小说、背诗歌、抄录华章警句，还在读书写作之余练素描、学写生、临摹名画、学会了识简谱和五线谱，并能用手风琴、琵琶、吉他等乐器弹奏歌曲。

现在她已是山东省文联的专业创作人员，她的作品《轮椅上的梦》问世，又一次在社会上引起了强烈反响。认准了目标，不管面前横隔着多少艰难险阻，都要跨越过去，到达成功的彼岸，这便是张海迪的性格。

有一次，一位老同志拿来一瓶进口药，请她帮助翻译文字说明，看着这位同志失望地走了，张海迪便决心学习英语，掌握更多的知识。从此，她的墙上、桌上、灯上、镜子上、乃至手上、胳膊上都写上了英语单词，还给自己规定每天晚上不记10个单词就不睡觉。家里来了客人，只要会点英语的，都成了她的老师。经过七八个年头的努力，她不仅能够阅读英文版的报刊和文学作品，还翻译了英国长篇小说《海边诊所》，当她把这部书的译稿交给某出版社的总编时，这位年过半百的老同志感动得流下了热泪，并热情地为该书写了序言：《路，在一个瘫痪姑娘的脚下延伸》。

以后，张海迪又不断进取，学习了日语、德语和世界语。张海迪还尽力帮助周围的青年，鼓励他们热爱生活、珍惜青春，努力学习为人民服务的本领，为祖国的兴旺发达献出自己的光和热。不少青少年在她的辅导下考取了中学、中专和大学，不少迷惘者在与她的接触中受到启发和教育变得充实和高尚起来。张海迪在轮椅上唱出了高昂激越的生命之歌，这支歌的主旋律是：一个人生命的价值在于为祖国富强、人民幸福而勇敢开拓、无私奉献！

“奉献”意味着“付出”，它是人类最纯洁、最崇高的道德品质之一。它像冰山雪莲，洁白无瑕；它像满山杜鹃，情暖人间。在我们中华民族几千年的文明史中，一直闪烁着奉献的光辉，屈原、孙中山、邓小平、雷锋，这些古代的圣贤、近代的英雄和当今的模范，他们之所以耀眼、醒人，正是因为他们把自己的聪明才智和生命无私地奉献给了国家和人民。

生命的意义在于奉献，在土地上留下一个坚实的脚印，胜过在空中传播千万句虚言。让我们将自己的爱心、真心献给社会，哪怕只是一点微不足道的小事。如果我们人人都奉献自己的光和热，我们的社会将更加文明，充满朝气和活力。

关爱他人，学会奉献，也是人际关系的一个支点。如果你赋予他人爱，你也定会获得他人回报。人际关系会朝着互爱方向前行，互相之间的情感也会跳出原有的层次，向精神层面升华。相反，如果你对周围的一切都抱着冷漠，那么你的人生无疑是苍白的，你的处境无疑是狭小的。“墙角之花，当你孤芳自赏时，世界也就小了。”关爱他人，学会奉献，是我们应该弘扬的精神。

宽容他人，多替别人着想。有爱心的世界才是美丽的。当我们学会奉献，学会付出的时候，就会得到真正的快乐，我们的世界也会充满光明和温暖。

奉献体现了一个人对生活的态度，也表现了一个人的品德和道德行为认真与否。如果一个人把奉献当成了借，那这个也不是无私的付出了，也就不是奉献了。因为奉献的意义就是在于付出时是否想得到回报或有没有感受到付出的快乐。

就像雷锋一样，一生为人民付出很多很多，但却从未感受到少了什么，而是感受到了快乐的笑声。这是一个人很难做到的。人都是有私念的，但这私念不一定可以占据你全部的善意，所以做一件事有善心就算是完成了一半了。

第三节　积极投入慈善和公益事业

不管社会如何发展与变迁，总会存在一部分需要给予特殊关怀和照顾的弱势群体，如弃婴、孤儿、独居老人、重病患者、残疾人以及各种自然灾害的受害者等。这就需要慈善和公益事业。

当你通过媒体报道，看到一笔笔捐款飞往灾区时，是否内心汹涌澎湃，异常感动，替那些处在贫困线上，或遇到天灾人祸的人欣慰。在危难的时候我们往往能够看到中华民族一种内在的凝聚力。特别是在大灾难面前，人们的情感却是真实的。包括很多企业都做了捐助，这是让人欣慰的。

自古以来，中国就十分崇尚道德，并把道德作为治世之道和衡量一个人文明素质高下的首要因素。在中国的传统道德中人们普遍认为德莫大于仁，莫大于善。究其理论根源，乃是儒家鼻祖孔子创立的以“仁”为核心的人本主义思想体系。这种思想体系实际上成了传统社会中慈善思想的重要组成部分。在慈善意义上的恤老慈幼、扶贫帮困亦成了中国人约定俗成的道德规范。

在改革开放和社会主义现代化建设的进程中，慈善活动可谓频频开展。各地慈善会发动和依靠社会各界力量赈灾救难，帮助社会上不幸的个人和困难群体，开展了形式多样的慈善救助活动，无不是乐善好施精神的继承和发扬。

儒家的慈善思想来自儒学的“仁爱”价值观，包括“民本”“大同”“义利”诸种思想观念在内。

“仁”是孔孟儒家思想的核心内容。仁就是爱人，可视为原始的古朴的人道主义观念的阐发，为儒家慈善观的形成奠定了理论基础。孔子设身处地为他人着想，将宽怀容人、恩惠助人等当作“仁”。孟子则更注重解人危难和救人性命，把爱护生命当作至仁，滥杀无辜当作非仁。从孔子的“仁者爱人”到孟子的“不忍人之心”，儒家的慈善思想理论逐渐丰富和完善。

民本思想是儒家学说中的重要内容。孔子云：“子为政，焉用杀？子欲善而民善矣。”（《论语·颜渊》）又云：“修己以安百姓。”（《论语·宪问》），“节用爱人”。孟子明确主张：“民为贵，社稷次之，君为轻”（《孟子·梁惠王上》）。荀子则更进一步提出：“君者，舟也，庶人，水也；水则载舟，水则覆舟”（《荀子·王制》）。儒学中这种民为邦本的思想，反映到社会慈善观方面，就是主张君主要“惠民”，实施仁政。这种思想推及于社会生活，便成为历代王朝统治者实行种种惠民政策的文化基础和思想渊源。

大同思想亦是儒家学说体系的一个重要组成部分。大同思想的形成，与孔子主张财富均分，反对贫富悬殊有关。《论语·季氏》中云：“闻有国有家者，不患寡而患不均，不患贫而患不安。盖均无贫，和无寡，安无倾。”在孔子看来，一个安定和谐的社会，财物分配平均是最重要的，物同一体，无贫富差别，人人才会和睦相处，才可以让“老者安之，朋友信之，少者怀之。”（《论语·公冶长》）这也许就是孔子对大同之世的最初设想。后来，他又具体描绘了令世人心驰神往的大同世界："人不独亲其亲，不独子其子，使老有所终，壮有所用，幼有所长，鳏寡孤独废疾者皆有所养；男有分，女有归。"（《礼记・礼运篇》）之后，孟子也提出了一个"出入相友，守望相助，疾病相扶持，则百姓亲睦"（《孟子・滕文公上》）的理想社会，它与孔子的"大同"之说交相辉映，一起构成儒家大同思想的精华内容。这种"天下为公"的大同思想，对中国历史上的思想界影响极其深远。

义利观也是儒家文化中慈善思想的一个方面。《论语・里仁》："君子喻于义，小人喻于利。"又言："君子义以为上。"真君子往往能在道德与利益之间做出无私的选择，进而超越眼前的利益而成为道德的典范，有谓是："不义而富且贵，于我如浮云。"正是受儒家义利观的熏陶，古代一些儒者都重义轻利，不言名利，孜孜致力于开展救困扶危的慈善事业。这也使得后来者在义和利间抉择时，无不敦诚信义，舍利而取义。如明清时期，不少商人自幼习儒，不以利害义，在经商致富之后，常常乐捐善资，成为"儒商"。这一时期，在徽商、晋商等著名商帮中，都有这样一批好善而尚义的儒商，舍财捐资创办起会馆、行会为贫病的同乡进行慈善救济，或报效社会，积极参与灾荒赈济，推动了民间慈善事业的发展。

改革开放30多年来，我国取得了巨大的变化，进入快速发展的黄金时期：经济飞速增长，人民生活水平不断提高。我们对未来满怀憧憬，也有足够理由相信中国一定会越来越好。但是，人有旦夕祸福，天有不测风云，这些年来，大大小小的灾难和事故总是层出不穷，揪着大家的心也考验着整个社会的保障机制。

灾害和艰难局面不断出现，把慈善和公益事业推到了公众面前。随着社会发展和贫富差距逐渐拉大，慈善和公益事业作为社会财富再分配和体现友爱精神力量的有力工具，让越来越多的中国人开始熟悉和认同。

当一个社会的财富积累到一定程度，慈善事业就会成为推动社会进步，维护社会公平的重要力量。社会的高速发展也会带来很多负面影响和问题，所以环境保护、资源节约等也都日益受到社会的关注，与此相关的公益事业随之兴起和发展。

在慈善和公益的路上，越来越多的企业和个人希望出钱出力添砖加瓦，而慈善和公益也需要社会各界鼎力相助，如何有效地建立渠道将企业和个人的需求与慈善公益事业的发展联系起来就显得非常重要了，因为慈善和公益事业的发展与现代社会的发展息息相关。中国的慈善和公益事业要获得阳光发展，在现有的环境中选择与优质企业联姻是很好的出路。

慈善和公益是推动社会走向文明进步的力量，慈善公益事业自身的前行和发展也需要力量，它们的发展绝不是捐款就能做到的，而是需要在实践中灌输一种理念，培养全民的公益和慈善意识，营造慈善公益事业在从城市到农村全面开花结果的局面，并且使之成为全民和所有企业及机构自觉自愿的意识与行为。

古人说：众善奉行，面对伤痕累累的社会和生活，我们能做的还有很多，只是，个人和企业都需要更加透明和阳光的慈善公益通道，爱心应该始终走在洒满阳光的道路上。

第四节　广施善缘，为别人点一盏明灯

黑暗中，为他人照亮道路并不是一件容易的事，有时需要自己付出很大的代价。但人人都学会为别人点一盏灯，许多人在一起就会有无数光芒。我们的路才会越走越宽，越走越平坦。

曾读到这样一个故事：

有一个人手提灯笼走在夜晚漆黑的街道上，天上没有月亮。

突然，他迎面遇到了一个朋友，这个朋友马上就认出了他——盲人古诺。于是朋友对他说：“古诺，你的眼睛又看不见东西，为什么提着灯笼走路呀?”盲人回答说：“我知道这里的夜路很黑，我打着灯笼不仅是为了让其他人能看清他们要走的路，也不至于撞到我呀。”

光明对于盲人而言无疑是重要的，但他提着灯笼不只是为了给自己照路，却是将光明带给别人。如果所有的人都点亮一盏灯，在为自己照明的同时也让其他人看见光明，那么整个世界将充满温暖和友善。

有一位师范学校毕业的学生被分配到山村教学。

他来到这个山村的第四个年头，忽然有一天山洪暴发，冲毁了原来曲曲折折的山路。他急得不得了，因为刚结婚不到一个月，如今交通一断，新婚的妻子和年迈的父母不知会怎样为他担心。

正当他急得团团转的时候，房门被推开了。院子里站了十几位学

生家长和十几位学生，每个人手里都提着一盏灯笼。为首的那个人说：“老师，我们送你回家。我们知道山上还有另一条路可走。”他喜出望外，跟在那些人后面走出房门。

天很快就黑下来了，在灯光下，他发现满是荆棘，其实根本就没有路。他疑惑地问他前面的一个人。那人告诉他，等他们走一个来回，没有路的地方也就有了路。就在他正要详细问时，那人一不小心跌落山崖，他顺手接住了那人手里的灯笼，大喊大叫着要去救他，被众人拉住。

最后，当他们走出山外时，他没有回家又返了回来。因为他终于明白了，原来每一次山洪暴发冲坏山民们的路后，按照村里的规定，村中人必须轮流去踩路。虽然踩路的人很可能会有去无回，但所有的人没有一个推脱，因为他们用生命为别人踩出了一条路。

若干年后，当他的学生陆续考上大学飞向国外时，当村中每一个人都恭敬地称他为老师时，他总是送给每个学生一盏灯笼，说：“不要忘记每一个踩路人，没有他们，就不会有我们的今天。愿你们也做踩路人吧，走出大山，走向大山外面的世界。”

点灯是为了看路，灯照亮了黑暗，同时也照亮了人心。人间有爱是一种温暖，如果我们每个人都懂得为别人点一盏灯，那么，这个世界必如天堂一般光明。

第十一章
大爱无疆，善行天下

爱是一种精神力量，它不被局限于何时何地，也不拘泥于何人何事。常言说大爱无边，它是一种无私的，无处不在的爱，这就是我们所说的大爱。它并不是轰轰烈烈的爱情，也不是大张旗鼓的慈善；而是要真诚自然地关心爱护身边的每一颗小草、一只蚂蚁甚至是宇宙中生存的万物。

第一节　爱每一个生命

我们知道，大自然中的一草一木都是有生命的，就连肉眼看不到的微生物都是有生命的，而为什么有的生物会灭绝呢？

其原因是：少部分生物是由自然因素所导致灭绝的，而大部分生物的灭绝是人为因素造成的。长时间使用氟利昂导致南极上空的臭氧空洞不断扩大，加上二氧化碳的排放和植物的减少，所导致的全球变暖使动植物难以适应环境的变化而减少，再加上人类对它们的乱捕滥杀、乱砍滥伐和栖息地的破坏，从而导致它们濒危甚至灭绝。

生命无处不在。而我们要做的一点就是珍惜生命，珍惜自己的生命，珍惜别人的生命，珍惜动植物的生命。因为有那么多生命的存在，我们人类才得以生存，珍惜别人、动植物的生命就是珍惜自己的生命。要记住，地球不是你的，也不是我的，更不是人类的！

保护生命、热爱生命，每一个鲜活的生命都应该得到我们人类的关爱、保护。只有这样我们的生活才会充满活力，充满色彩，我们身边的世界才会充满勃勃生机。

让我们从小做起，从现在做起，关爱、热爱、保护我们身边的每一个生命。

善良是人性的根本，是一切爱的基础。

佛学中说，每个人都是爱因，在合适的时间，合适的对象身上播撒，生根发芽。万物守恒，一切皆缘。一个人对另一个生命的无私奉献、全心呵护，是人类与每一个生命相处的最佳方式。

渴望爱是包括人类在内所有动物的本能愿望。但是在很多时候，我们多数人也许意识不到，在我们的内心深处，每一个人，其实是很渴望付出爱的，如同渴望被别人爱一样。作为一种感情，爱是用来奉献和付出的，而不是收藏与独占。

相对世界和其他物种，人类的博爱，其实是对这个地球的最大仁慈。快乐是件很简单的事，获得快乐的渠道也很简单，那就是首先奉献你的爱心和真诚。

第二节　大爱天下

大爱是冬日的阳光、沙漠的泉水，大爱是无私的付出、宽广的胸怀。只有超凡的爱心，舍己为人的奉献精神，才会拥有超凡的能量。具有大爱，就能走出小我，找回真我。

走不出小我，帮助别人就会受限；只顾眼前，铁定把握不了长远。

私心太重，凡事只考虑自己，必然考虑别人就少，对社会的贡献也就少。没有大爱，注定没有奉献的胸怀和能量。

只想到自己的利益，只想赚钱，只想争名利，不舍得付出，这样的人，是无法帮助到别人的。

世界上，人与人终极的差别在于“持续不断地行动”。世界上没有一个人富得不需别人帮助，也没有一个人穷得不能帮助别人。

慈善事业不是给穷人几千元钱，分一栋房子，送几件衣服。这些都是一些治标不治本的工作。只有把慈善事业做成一种联盟，做成一种长期持续的工作，才会产生根本性的影响。

要帮助到更多人，扩大帮助的力量才是首要的。只要有爱，每个人都有一颗爱心，他们就会通过各种方式，去帮助更多的人，有爱心的人越多，帮到的人就越多。

舍小才能成大，舍己才能为公。

大爱需要大舍，有大爱，才会有大能量，才能对社会产生更大的帮助和影响。

世界需要爱，没有了爱，世界将充满黑暗，人类将充满悲惨。在物质极度发达的今天，还有很多人吃不饱、穿不暖；只有爱，才会让贫富差距缩小，让富人愿意去帮助穷人，让穷人更有信心去自力更生，创造更多的财富；只有爱，才能战胜世界的一切灾难。

打击别人，击倒的是自己；肯定别人，自己也会被肯定。有什么样的心境就会得到什么样的结果。我们要时刻警醒自己的起心动念。

书籍和其他产品对人的帮助都是有限的，只有爱心的无限传播，才能帮助到更多的人，爱心让每个人都发热、发力。十个人每人发十份力，也不如十万个人每人发一份力的作用大。

想不到，就无法做到；不去想，一切也就无法明确；有好的想法不说出来，还是自己的，仍然不能影响到别人；想到的没坚持做到，等于空想；说出来的想法，不去实现，仍然是毫无意义。

唯有持续不断的爱心行动，才能造就成功！唯有行动，才会产生影响和成果。再长的路，一步步也能走完；再短的路，不迈开双脚，也无法到达。人生伟业的建立，不在能知，而在能行，真正做到知行合一。

我们该信仰什么？先哲们对爱的思考，对自然的热爱，对人生的上下求索，对思想的推崇，对自由的执着，直至对生命意义无休止的探寻，是他们留下的心灵食谱，让石头下面的那颗心，因感动而开悟，开出这世间最美丽的花朵。

生命本身没有任何意义，我们赋予生命什么意义它就有什么意义，我认为人活着的意义就是不断传承，大爱精神就是“爱心传承”。只有这种爱心传承精神才能从根本上帮助全人类，是最无穷的力量。通过大爱精神的传播，让每个人都行动起来帮助别人，掀起爱心的狂潮，互帮互助，团结一心，去影响人类的千秋万代。

大气为人，大智谋事，大爱行天下。比陆地更辽阔的是海洋，比海洋更宽广的是人的胸怀。大爱天下是一种品格，大爱天下是一种境界，大爱天下也是一种为人的态度。

予人玫瑰，手中必有余香。做一个有爱心的人，自强不息，厚德载物，与人为善，大爱行天下。

明朝时江苏江阴有个叫张畏岩的人，学识丰富，擅长写文章，在当地很有名气。万历甲午年，他参加科考，结果榜上无名，于是就在榜前骂主考官有眼无珠。

有一位道人听了，微笑着说："这位相公，我看你的文章一定很差！"张畏岩怒气冲冲地对道人说："你凭什么笑我？你没读过我的文章，怎么知道不好？"道人说："我听说做文章的关键是要心平气和，现在听你骂考官，你的心中非常不平，文章又怎么可能写好呢？"张畏岩听了觉得很有道理，于是诚心向他请教。

道人说："如果命中注定榜上无名，文章虽精巧，也没有什么帮助的。如能顺天行善，有什么福报不能得到呢？"

张畏岩叹息说："我一个穷读书人，哪有钱做善事？"道人回答："行善修德，重要的在于心，心中时刻存有善念，更加谦虚谨慎，常存帮助别人的心。行善的动机要纯，一切遵天理而行。比如谦虚做人，并不需要花钱，你完全可以做到。你现在不反省自己，而要骂考官，这就是你的过失了。"张畏岩因此感动悔悟，向道人致谢。

从此，张畏岩一心向善、修身，成为一位品德高尚的人。他常向周围人劝善，受到人们的称赞。

三年后的一天，张畏岩做了一个梦，梦到进入一间很高大的房子，里边有一本名册，名册里有好多空格缺名，就问旁人："这是怎么回事?"那人告诉他："这是今年秋榜录取的名册。原本名册都是有名字的，如果这三年当中他没有过失，他的名字才得以保全。这些缺名，都是本应中举的人，因有缺失所以将名字除掉了。你这三年来，修身向善，可以补进去，如果能坚持不懈，将来更是福德无量，希望你能自爱。"这一年的科考，张畏岩果然中榜，后来当了官，为百姓做了很多好事。

大爱天下，仁者爱人。大爱是"修身、齐家、治国、平天下"的基石，体现了共同的人生追求与境界。孟子说，爱人者，人恒爱之。这既是人生的一种境界，也是人生成就事业的必需品质。

"赠人玫瑰，手留余香"是大爱天下的最好诠释。在现实中，当你捐出一本自己已不再阅读的书时，你便收获着爱的玫瑰，品味着爱的芬芳；当你对别人真诚鼓励时，你也收获着快乐和尊敬，体味着人间温暖的真情；当你捐赠时，你在播种善良的种子，为黑暗无声的角落增添希望的亮光。点点滴滴，聚沙成塔；涓涓细流，汇成江河。同在阳光下，慈爱人间情，只要我们伸出双手，献出爱心，这个世界将会更温暖。

在现实中，殷切期盼身边的每一个人都能秉承"大爱天下"的理念，奉献出春天般的温暖，焕发出夏天般的热情，用真诚的心编织爱的网络，用诚挚的情，营造温馨的社会环境，积极行动，尽己之所能，扶危急困难中人，让人人健康快乐、丰衣足食，让温馨和谐的生活走进每一个贫困的家庭。

爱是这个世界上最伟大的力量，有了爱就能影响和感召周围的一切，爱让每个人内心富足，爱让家庭幸福美满，爱让国家繁荣昌盛，爱让世界和谐，让宇宙充满正能量。

爱人者，人恒爱之。慈善无大小，人人均可为，大爱无疆，善行天下！让我们用爱拥抱每一天，用心感动每个人，相信爱，传递爱，只要人人都献出一点爱，世界将变成美好的人间。